평생고객 만드는 영업비밀

휴먼 터치

평생고객 만드는 영업비밀

휴먼 터치

박원영 지음

HUMAN TOUCH

J 중앙경제평론사

재방문을 부르는 세일즈 바이블

고객에게 어떤 가치를 제공해야 할지를 다시 한번 생각하게 만드는 책. 박원영 대표를 만나기 전부터 난 이미 그녀의 팬이었다. 그녀의 강의를 유튜브로 많이 봐온 터라 내적 친밀감이 있는 상태였다. 나 역시 '사람이 핵심이다'라는 경영철학을 갖추고 네트워크 운영을 하고 있다. 오프라인 강연장에서 처음 접한 그녀의 강의는 내 눈을 초롱초롱하게 만들었던 기억이 있다. 책에서 이야기하듯, 내가 필요한 것만 내 시간에 맞춰서 서비스받기를 원하는 현시대에 고객경험 관리를 중요하게 생각하지 않을 수 없다. 고객이 브랜드를 경험하는 순간 이미 브랜드에 대한 감정과 이미지를 가지게 될 것이기 때문이다.

경영자 입장에서 이 책을 읽고 많은 생각에 잠기게 된다. 고객의 니즈를 예측하여 서비스한다는 것은 굉장히 어려운 일이다. 우린 오늘도 여전히 사람들 속에서 얽혀 살아가고 있고 이해관계 속에서 상처받고 살아간다. 그런데도 우린 누군가와 함께하기 때문에 이 책은 나를 다시 한번 다잡는다. 이 책은 재미있지만 시사하는 바가 명확하여 현장에서 적용할 수 있는 무기를 안겨 준다. 특히 고객이 스스로 선택하도록 돕는 방법들에 대한 네 가지 예시는 적절하게 브랜드와 현장에 맞춰 사용하기 좋은 기술이다.

시장의 경쟁 환경이 변화해야 한다면 제공하는 서비스의 가치도 다시 한번 생각해보아야 한다. 이 책은 고객경험의 관리가 얼마나 보석 같은 가치인지를 재발견한다. 고객의 공감을 받고 있는가? 아니면 변화해야 하는가? 질문에 쉽게 답하기 어렵다면 이 책을 추천한다.

— **김은희** BBG네트워크 대표/톡스앤필, BLS클리닉 병원 경영 지원

서비스 현장의 고민을 속 시원하게 해결해 주는 CS강사이면서, '박강사 TV' 채널을 운영하는 유명 유튜버인 저자가 이번엔 고객과 소통하는 기술인 '휴먼 터치'를 주제로 두 번째 책을 들고나왔다. 고객에게 기억되는 멋진 서비스를 제공하고 싶은 서비스 현장 직원은 물론, 직원들 코칭이 막막한 서비스 리더들에게도 도움이 될만한 저자의 현장경험과 사례들이 풍부하게 담겼다. 고객의 마음을 움직이게 하는 방법이 궁금한 모든 분들의 일독을 권한다.

— **허은구** 하이원리조트 인재개발팀 차장

구분되는 온오프라인 공간의 한계를 뛰어넘어 메타버스의 시대를 마주하고 있는 우리에게 이 책은 '휴먼'만이 만들어 낼 수 있는 '주요 요인(Key Factor)'을 소개하고 있다. 일회성의 세일즈와 매출을 위한 단순한 '소비자'

가 아닌 '열혈 팬(Big Fan)'을 만들어 가고자 고민하는 모든 이들에게 이 책은 그 방법을 찾아갈 수 있는 지침서가 될 것이다.

– **형옥현** 코오롱인더스트리(주) FnC부문 VOC팀장

진심 어린 고객서비스는 마음의 문을 연다고 합니다. 지금 이 순간 고객님께 어떻게 다가가시겠어요? 이 책을 통해 기존의 틀을 벗어나 진실된 마음으로 다가갈 수 있는 현실적이고 실천 가능한 핵심 방법들로 그 길에 한 걸음 다가가보세요!

– **김수현** LG생활건강 교육팀 파트장

고객의 재방문, 재구매를 원하는 경영인 또는 실무자라면 꼭 읽어야 할 세일즈 바이블이다. 휴먼 터치가 얼마나 중요하고 어떻게 해야 하는지 자세히 알려주는 책이다.

– **정지수** 신세계TV홈쇼핑 쇼핑호스트

'고객은 계속 변한다.' 기술과 제품 모두 급변하는 시대에 고객서비스가 어떻게 변해야 하는가에 대한 정교한 기술을 알게 해 주는 책.

– **이혜진** ㈜LCM 대표(레고스토어 운영사)

휴먼 터치의 디테일이 이 책 안에 있다

최근 1~2년 사이 우리에게는 큰 변화가 찾아왔다. 코로나19라는 유례없는 상황에서 디지털 트랜스포메이션의 속도가 이전과는 비교할 수 없을 정도로 빨라졌다. 그 결과 사람들은 비대면 서비스의 편리함과 효율성을 경험하고 있다.

그런데 언택트 경험이 늘어날수록 디지털 기술의 한계도 더욱 분명하게 드러나고 있다. 너무 디지털 기술에만 의존하게 되면서 인간적 공감과 따뜻한 체온으로 스킨십하는 휴먼 터치의 감성이 더욱 그리워지고 있는 것이다. 이른바 '디지털 패러독스Digital Paradox' 현상이다.

이 말은 첨단 기술과 언택트 상황이 발전할수록 역설적으로 사람의 따뜻한 감성에 대한 터치가 더욱 중요해질 것이라는 의미이다. 이러한 시대에 대체 불가능한 새로운 서비스 경쟁력은 무엇일까? 한마디로 로봇과 기계가 대신할 수 없는 아날로그적인 감성의 영역이다. 바로 사랑하고, 감탄하고, 공감하고, 위안을 얻는 영역으로 들어가야 한다.

로봇이나 컴퓨터는 비용과 시간은 절약해줄 수 있지만, 특별한 서비스를 제공하지는 못한다. 유연하지도 따뜻하지도 않으며, 사람의 마음을 읽고 반응할 수도 없다. 공감 능력이 없는 무뚝뚝한 기계일 뿐이다.

디지털이 아날로그의 종말을 전제로 새롭게 등장한 것은 아니다. 세상엔 아날로그와 디지털이 공존하고 있었다. 제4차 산업혁명이란 화두가 세상에 던져지자 모든 국가와 기업은 디지털을 생존을 위한 어젠다로 추진하며 이제 아날로그 세상은 끝난 것처럼 생각하고 있다.

디지털 트랜스포메이션이 중요해졌고 마케팅 테크놀로지가 최근 고객경험과 마케팅 업계의 가장 핫한 이슈이다. 하지만 이럴 때일수록 사람의 감성을 다루는 아날로그에 관심을 더욱 기울여야 한다. 아날로그를 간단하게 한마디로 정의하면 '인간'이다.

얼마 전 한 콜센터 상담원으로부터 "나는 친절하고 전문적인 상담을 하고 있다고 자부하는데 고객들의 만족도 점수는 인색하기 짝이 없다"라는 푸념을 들었다. 아주 친절하게 했는데도 도대체 고객이 좋은 점수를 주지 않는 이유는 무엇일까? 고객이 매장을 직접 찾거나 콜센터에 전화를 거는 이유를 한번 살펴보자. 구매나 정보 획득 외에도 충족시켜야 할 니즈가 다양하다.

고객의 표면적인 니즈는 해결했지만 '인정'과 '공감'이라는 잠재적 욕구는 제대로 충족하지 못했다고 진단한다. 그렇다고 고객들이 "당신은 따뜻하고 친근하게 내 마음을 알아주는 기술이 부족하네요"라고 상담원에게 대놓고 요구하는 일도 없다. 상담사나 판매원들은 고객의 니즈를 정확히 이해하지 못하고 있는 것이다.

그럼 고객들의 서비스 체감만족도는 감정적으로 이루어질까? 이성적으로 이루어질까? 하버드대학의 제럴드 잘트만^{Gerald Zaltman} 교수는 '소비자가 구매 결정을 내리는 진실의 순간 이성으로 판단하는 것은 5%에 불과하고 95%는 감정으로 결정된다'라는 '95%의 법칙'을 주장했다.

이 책에서 저자는 '고객 저마다의 진짜 욕구를 찾고, 문제 해결책을 제시하여, 고객 스스로 서비스 혹은 상품을 구매하도록 이끌어내는 모든 방법'을 일컬어 '휴먼 터치'라고 정의하고 있다. 디지털 기술을 통한 하이테크가 아니라 공감을 통한 휴먼 터치가 고객을 끌어당기는 힘이라는 것이다. 휴먼 터치는 95% 고객의 결정적 순간을 만들어내는 비밀인 것이다.

《메가 트렌드Mega Trends》라는 책으로 명성을 얻은 미국의 미래 학자 존 나이스비트John Naisbitt는 40년 전 인간적 감성인 '하이터 치high touch'라는 화두를 던졌다. 우리말로 직역하면 '고감도'란 뜻으로 하이테크high-tech의 정반대 개념으로 인간적인 감성을 강조한 것이다. '터치'는 '손을 비롯한 신체 부위로 무엇인가를 물리적으로 만지다'라는 뜻이지만 '사람의 마음을 감동시키다' 라는 의미도 갖고 있다.

그러나 오늘날의 하이터치는 단순히 하이테크의 대극에 있지 않다. 기술과 감성의 융·복합 개념인 휴먼 터치와 같다고 이해 하는 편이 적절하다. 이렇게 보면 '하이테크'는 오늘날 '디지털' 로, '하이터치'는 '휴먼 터치'로 대체하면 딱 들어맞는 개념이다. 고도의 디지털 기술과 인간적 감성이 하나로 합쳐진 것이 바로 '하이터치'라고 할 수 있다.

'신은 디테일에 있다God is in the details'라는 말이 있다. 이 말을 뒤집으면 '악마는 사소한 곳에 있다The devill is in the details'라는 말 이 된다. 모두 디테일의 차이가 성패를 좌우한다는 것을 강조하 고 있는데 영업과 서비스가 특히 그러하다. 그래서 서비스가 탁 월한 기업은 고객이 인정할 만한 디테일을 차별화된 경쟁력이나 영업력으로 만들어낸다.

그러나 시중의 서비스 관련 책들은 대부분 개념과 총론의 내용이 주류를 이루고 있으며, 판매원들은 제품의 기능과 장점을 설명하는 데 더 치중하고 있다. 언제든지 떠날 준비를 하고 있는 고객을 '이 사람 때문에' 떠나고 싶지 않도록 만드는 것을 목표로 어떻게 고객과 소통할 것인가를 화두로 하는 소통 기술을 저자는 '휴먼 터치'라고 정의했다.

이제 새로운 마케팅의 핵심 키워드로 '고객경험'이 강조되고 있다. 마케팅의 세계에는 두 가지가 있다. 하나는 '인식의 세계', 다른 하나는 '공감의 세계'다. 마케팅의 85%가 '고객경험'에 의해 이뤄진다. 그리고 고객경험의 85%는 고객의 마음의 문을 여는 '공감'에 의해 좌우된다.

공감에서 절대적으로 필요한 것이 '휴먼 터치'다. 고객을 감동시키고 그들의 재방문을 이끌어내고 싶어했던 분들은 고객과 친해지고(제1법칙), 질문을 통해 그들의 마음을 노크하며(제2법칙), 마음속을 꿰뚫어보는 심리적인 방법(제3법칙)을 실천할 수 있다. 분명 고객이 감동하고 매출이 쑥쑥 올라가는 것을 직접 경험하게 되리라 확신한다.

장정빈 스마트경영연구소 소장

고객은 언제든 떠날 준비가 되어 있다

'재방문 고객 만들기'를 주제로 강의를 하고 있을 때였다.

"우리 가게는 오래 이용한 고객이 많습니다."

어느 사장님의 말씀이었다. 요컨대 '우리 가게는 단골이 많은데 왜 매출은 적느냐?'라는 의문 섞인 얘기였다. 일단, 장기 고객이 많다는 건 좋은 증거다. 그러나 여기에는 한 가지 변수가 있다. 재방문 빈도다. 얼마나 자주 이용했는지에 따라서 단골의 품질이 달라진다. 예를 들어 다음 두 그룹을 보자.

A 그룹 : 첫 3개월 동안 단 1회 찾은 고객

B 그룹 : 첫 3개월 동안 2회 이상 찾은 고객

A 그룹은 첫 방문 후 3개월간 재방문이 없는 고객들이다. 반면 B 그룹은 첫 방문 후 3개월 이내에 다시 찾은 고객들이다. 이 두

그룹을 대상으로 2년 이내 같은 가게를 10번 이상 이용한 고객 수를 조사했다.

결과는 대충 짐작된다. 3개월 내 재방문한 B 그룹이 아무래도 더 많을 것 같다. 그런데 A 그룹과 비교하면 얼마나 더 많을까? 놀랍게도 7배 많았다. 보통 재방문 자체를 중시하는데 이보다 더 중요한 게 3개월 내 재방문이라는 얘기다.

물론 3개월이란 게 모든 업종에 다 적용되는 건 아니다. 그렇지만 일정 기간 내 재방문은 중요한 이슈다. 실제로 우리는 재방문을 위해 다양한 특효약을 준비했다. 한 달 내 쓸 수 있는 기프트 체험권, 인스타그램 해시태그 이벤트, 1 + 1 행사 등이다.

이 밖에도 수많은 이벤트들이 실행 중이어서 지금도 간단한 키워드 몇 개로 인터넷만 검색해도 재방문 고객을 만들기 위해 어떤 이벤트가 열리는지 쉽게 확인된다.

그런데 행사나 체험권이 재방문을 보증해줄까? 아이디어의 개방 시대에 새롭다고 느낄 만한 이벤트란 게 과연 있을까?

우리의 고민이 깊어지는 이유는, 일정 기간 내 재방문이 왜 중요한지 알면서도 이 문제 해결이 생각처럼 쉽지 않다는 사실 때문이다. 오늘날의 고객은 세일즈나 마케팅의 홍수 속에서 살아간다. 넘쳐나는 상품들 속에서 선택은 애가 타도록 어렵게 하지만 포기는 또 쉽고 빠르다.

고객을 잡기 위한 판매 전략이 쏟아지는 가운데 고객은 수많은 이유를 만들며 업체를 떠난다. 기대에 못 미쳐 떠나고, 불만족스러워 떠나고, 질려서 떠나고, 시간 없어서 떠나고, 더 근사한 게 나와서 떠난다. 갔던 곳 또 가는 건 21세기적 소비가 아닌 것 같아서 떠나고, 설명하긴 어렵지만 뭔가 나랑 맞지 않는 것 같아서 떠난다.

상품으로도 안 통하는 것 같고, 이벤트도 약발이 다한 것 같다고 느끼는 건 기분 탓이 아니다. 소비자의 기대치가 하늘을 찌를 듯이 높아졌다. 그런데 반대편에서 살펴보면 우리는 조금 이상한 현상을 마주한다.

"고객이 떠나는 데는 수만 가지 이유가 있지만 고객이 다시 찾는 데는 한 가지 이유면 충분하다."

저마다의 이유로 새로운 상품이나 서비스를 찾아 나서던 사람들도 딱 한 가지 이유로 재방문을 결정한다. 바로 나를 알아봐 주고 인정해주는 누군가가 그곳에 있기 때문이다.

"그 상품 혹은 서비스는 옆 동네 가도 있고, 그 이벤트나 행사는 인터넷 검색창으로 수두룩하게 찾을 수 있다.

하지만 소비자로서의 나를 이해하고 나도 모르는 니즈를 읽어낼 수 있는 장소는 그곳이 유일하다."

의식적으로 이렇게 생각하지는 않지만 이런 무의식적 느낌을 받은 고객은 자기도 모르게 왠지 끌리는 느낌으로 재방문한다. 과연 이런 느낌은 누가 전달할까? 업체 차원에서의 지원과 제공이 뒷받침되어 있다는 전제 아래, **'왜 이곳이어야 하는지' 이유를 창조하는 직원**이 이 느낌을 만든다.

언제든지 떠날 준비하고 있는 고객을 '이 사람 때문에' 계속 재방문하고 싶도록 만드는 것이 이 책의 궁극적인 목표다. '이 사람'은 기술이라는 이름으로만 설명하기에는 부족한 어떤 기술로 고객과 소통한다. 그 소통 기술을 이 책에서는 '휴먼 터치Human Touch'라고 부른다.

휴먼 터치는 고객 저마다의 진짜 욕구를 찾고, 문제 해결책을 제시하여, 고객 스스로 서비스 혹은 상품을 구매하도록 이끌어내는 모든 방법을 일컫는다. 그 방법만이 3개월 내 재방문을 만들 수 있으며, 궁극적으로 소비자와 판매자의 웃음도 이끌어 낼 수 있다.

하루가 무섭게 변한다. 팬데믹 사태는 고객 구매 행동 변화의 가속을 붙게 했다. 장기화되는 코로나 사태로 좋든 싫든 언택트 라이프스타일Untect life style을 받아들여야 했고, '물리적 고립'이라는 문제 속에서 직접 경험하는 즐거움과 몰입감에 대한 갈증은 늘어만 간다.

고객은 스스로 만족감을 찾아 '더 나은 경험'이라는 가치에 집중하면서 '결과'보다 '과정'을 들여다보기 시작했다. 음식점에서 먹는 식사와 배달 음식은 같을 수 없고, 모니터로만 본 상품으로는 확신에 차지 않는다. 브랜드 자체의 '상점Shop'의 개념을 넘어 고객에게 전달되는 '쇼핑Shopping'이라는 '의미 있는 경험'에 주목하게 된 것이다. 경험으로 만들어진 만족의 결과는 재방문이라는 성과로 돌아오기 마련이다.

박원영 WYP교육컨설팅 대표

| 차례 |

Part 1 기술이 발달할수록
인간적 접촉이 더 소중해진다

Part 2 고객이 나를 허락할 때까지
– 휴먼 터치 제1법칙, 친해지기

기술이 발달할수록
인간적 접촉이 더 소중해진다

Human Touch

센스 있는 직원은 고객의 물음에 절대 단순답변을 하지 않는다.
도리어 고객이 놓치고 있는 것처럼 보이는 질문을 통해 고객이 자기 니즈를 보
다 명료하게 인식하도록 돕는다. 그래서 고객이 스스로 답을 찾도록 유도한다.

차가운 기술에 부족한 한 가지

사람만이 할 수 있는 휴먼 터치

인적이 끊긴 한적한 새벽 시간, 커피가 간절했다. 인근에 24시 카페가 한 곳 있었다. 반가운 마음에 냉큼 들어섰는데 나를 반기는 건 투명 강화유리 너머의 로봇이었다.

사람은 그림자도 비추지 않았다. 대신 사람의 상체와 팔을 가진 로봇이 명령을 기다리듯 대기 중이다. 키오스크를 통해 따뜻한 아메리카노를 주문하고 결제를 마치자 로봇 팔이 움직이기 시작한다. 드륵 드륵 원두를 제분하고 꼭꼭 눌러 담더니 커피 머신에 옮기고 컵을 내려놓는다. 커피를 다 내리자 조심스럽게 잔을 들어올린다. 로봇의 모니터 얼굴이 미소도 짓고 윙크도 던진다. 물론 커피에서 모락모락 피어오르는 김 외에는 온기를 느낄 수 없었지만.

누군가에게는 이런 비인간적 접촉이 도리어 편할 수 있겠다. 사람과 마주치는 건 낮 동안이면 충분하다. 도시 생활이 때론 사람 공해로 가득하다고 느껴질 때도 있으니 말이다. 과잉 커뮤니케이션으로부터 잠시 해방되는 편안함에 더해, 코로나와 같은 이슈도 비대면을 촉진한다. 그렇게 사람이 있던 자리를 기술과 로봇이 대체한다. 키오스크처럼 사람 모습이 아닌 것도 있고, 기능적인 형태만 갖고 있는 홀 서빙 로봇, 길 안내 로봇도 있다. 고객이 물건을 구매하는 과정에서 만나던 '사람'이 점차 사라지는 추세다.

물론 완전한 탈인간화는 아니다. 로봇에 사람 모습을 입혀 사람처럼 보이게 한다. 초기의 투박한 기계들은 귀엽고 친근한 모습으로 바뀐다. '안.녕.하.세.요.' 같은 어색한 기계음이 아닌 최대한 상냥한 사람 목소리로 갈아입는다. 차가운 메탈보단 온기를 느낄 수 있는 소재와 감정을 담아 표정을 만든다. 누구나 그게 사람이 아닌 줄 알지만 사람을 닮아 있지 않으면 너무 어색하다.

이와 동시에 사람이 기계를 닮아가려는 모습도 포착된다. 인공지능 스피커가 알아먹지 못할까봐 '셀.리.야. 인.기.음.악.

틀.어.줘.'라고 한 글자씩 기계처럼 말하고 챗봇이 이해할 수 있도록 '배송조회', '환불절차'처럼 최대한 간결하게 메시지를 작성한다. 서로 약간의 조정 과정을 거치긴 했지만 기계와 인간이 소통하는 접점을 찾은 것 같다.

가게 사장은 이제 됐다고 생각할지 모른다. 손님을 맞이하고, 원하는 상품 내놓는 서비스 과정은 이 정도면 충분하겠다 싶다. 고객응대라는 게 원래 복잡한 건 아니지 않나? 남은 건 경쟁력 있는 상품 고민뿐일 테다.

그런데 그렇게 한시름 놓는 순간, 기술이 한계를 드러낸다. 사람을 대신한 기계의 서비스 기술은 고객의 구매 경험에 문제가 발생하는 순간부터 제 기능을 잃게 된다. 단순하게는 시스템 오작동이나 전산 오류로 구매 문턱에서 고객을 거절할 수도 있고, 데이터 및 정보 유출 등 개인 정보 문제로 사후 불쾌감을 줄 수도 있다. 혹은 예측되지 못한 고객의 니즈가 있을 때도 기기가 할 수 있는 건 화면에 '고객님, 불편을 드려 죄송합니다'라는 문구를 띄우는 정도다. 이럴 때 내가 고객이라면 '그럴 수도 있겠다'라고 수긍하고 넘어갈까?

한번은 스타벅스에서 여러 잔의 음료를 주문 후 픽업 과정에서

음료를 쓰러트려 반쯤 흘린 적이 있다. 그때 점원이 빛보다 빠르게 달려왔다.

"괜찮으세요? 두시면 저희가 치울게요. 음료는 다시 만들어드리겠습니다. 잠시만요."

당신이 고객이라면 어떤 기분이었을까? 음료를 쏟은 순간, 하늘에서 스포트라이트 핀조명이 내려와서 나만 비추는 것처럼 느껴지는데 그 당황스러운 무대 위로 누군가 나타나서 내 손을 잡아준다. 내가 처한 난감한 상황을 같이 안타까워해 주고 내가 일으킨 문제를 재빨리 수습한다. 당황스러운 순간은 사라지고 안도감이 찾아온다. 살뜰한 챙김을 받았다는 느낌이 든다.

그리고 무슨 일이 벌어지는가 하면 조금 돌아가는 길이라도 굳이 그 커피점에 들러서 다시금 커피를 구매한다. 이곳은 나의 구매 경험이 긍정적으로 각인되도록 관리해주는 곳이다. 너무 요란스럽지 않게, 너무 티 나지 않게 나를 배려해주는 곳이다. 이곳이 편안하다.

구매 과정에서 우리는 다양한 심리적 벽을 느낀다. 부지불식간에 자연스럽게 관문을 통과하여 최종적인 상품 경험에서 만족감을 느끼면 다시금 가게를 찾는 것이 가장 이상적이다. 그러나 소소한 걸림돌들이 층층이 놓여 있다.

그때 직원 누군가 고객의 심리적 벽을 감지하고, 친밀한 방식으로 문제 해결까지 유도해준다. 그러면 이 고객은 의식적으로 이 서비스를 기억하지 않더라도 뭔가 편안한 느낌을 받게 된다. 스쳐 지나는 수많은 점포 중 하나였던 이곳이 해마의 작동과 함께 장기기억 속에 또렷이 새겨진다. 그렇게 자리 잡은 좋은 느낌은 다시 점포를 찾는 원동력이 된다.

결코 로봇과 키오스크가 줄 수 없는 감정이다. 고객이 느끼는 불편함에 공감할 수 있고 고객이 생각하지 못한 부분까지 배려해주는 것, 즉 사람만이 할 수 있는 휴먼 터치Human Touch다.

휴먼 터치가 가능한 1명의 직원이
매출을 바꾼다

'경험'을 권하는 센스 넘치는 직원

tvN에서 방영한 〈커피프렌즈〉라는 예능 프로그램이 있었다. 이 프로에 어느 남자 배우가 출연했는데 제주도 어느 커피숍 옆에 차려진 귤밭에서 귤을 판매했다. 그가 호객하는 방법은 참신했다. 보통은 행인이 지나가면 '귤 사세요'라고 시선을 끌기 마련인데 그는 달랐다.

"귤 좋아하세요?"

'사세요'와 '좋아하세요?'는 큰 차이를 만들었다. 그의 말이 떨어지자 고객은 순식간에 구매자에서 경험자로 바뀐다. '맛 좀 보세요'라고 말하며 좋은 음식 권하는 이웃처럼 그는 다가간다. 구매 부담이 사라진 손님들이 다가오자 그는 재빠르게 에코백 또는 귤 한 상자를 권한다. '판매하는 귤 한 상자는 5천 원이지만 에코백을 1만 원에 구입하면 5천 원어치보다 더 많은 귤을 직접 따서 가져갈 수 있다'고 제안한다.

이제 이곳에는 물건을 파는 사람도, 물건을 사는 사람도 없다. 흥미로운 경험을 권유하는 사람과 그 경험이 궁금한 사람만 남는다.

그러나 꼼꼼한 이 손님은 아직 걸림돌이 있다.

"이 귤, 비행기에 가지고 탈 수 있어요?"

그렇게 많은 귤은 너무 부담스럽다, 한 번 먹을 정도면 충분하다, 그런데 귤 담아 가는 게 재밌어 보인다, 방법이 없나? 그런 고민이다. 필요한 답은 '네'나 '아니오'일 텐데, 이 배우는 이미 답을 알고 있었고, 그래서 '네'가 아닌 다른 방식을 택한다.

"일전에 제가 제주도에서 김치를 가지고 비행기를 탄 적이 있어요. 그래서 귤도 됩니다."

손님의 걱정을 일순간에 날려주는 경험담이 그의 답변이었다. 그저 '네'나 '됩니다'가 아니라 경험적 근거까지 제공하므로 충분히 수긍도 되고, 친근하다. 이제 구매를 피할 명분이 없다. 한편 귤은 따지 않고 에코백만 사겠다는 손님도 있었는데 이 배우는 귤을 직접 담아주는 센스를 보였다.

물론 우리는 이 프로그램이 이윤을 목적으로 한 실전 장사가 아니어서 이런 보여주기 식, 퍼주기 식 서비스가 가능하다고 말할 수도 있다. 부정하지는 않는다. 그러나 설령 그렇다 쳐도 그런 사실이 이 배우의 센스까지 설명해주는 건 아니다. 만일 이 남자 배우처럼 휴먼 터치가 가능한 직원이 한 명이라도 있다면 그가 만들어내는 고객의 수는 지금까지와는 다른 수준이 될 것이다.

휴먼 터치는 '감각'에 가깝다. 흔히 '센스 있다'라고 표현할 때의 그런 센스가 자연스럽게 흘러나와서 휴먼 터치를 만든다. 휴먼 터치의 센스를 가진 사람은 유난히 인기가 많고 주변에 사람이 들끓는다. 센스 있는 사람들은 때와 장소 그리고 상황에 따라 분위기를 맞추는 임기응변에 능하다.

그렇다고 선천적인 것만은 아니다. 일본의 경영 컨설턴트인 미즈노 마나부水野学는 《센스의 재발견》이라는 책에서 센스는 타고나는 것이 아니라 마치 운동선수처럼 꾸준한 노력을 통해 발현된다고 말한다. 센스는 누구나 가지고 있는 신체적 능력이며 그

것을 얼마나 갈고 닦아서 제대로 사용할 줄 아느냐가 센스가 좋고 나쁨을 판가름한다.

센스 있는 그의 눈에는 이 매장이 '매매'가 일어나는 곳이 아니라 '경험'이 일어나는 곳으로 보인다. 그는 스스로가 경험을 돕기 위한 조력자임을 알기 때문에 타이밍을 읽어내는 눈도 다르다. 어떤 순간에 손님에게 접근해야 하는지 잘 안다. 파는 것 자체를 목적으로 삼지 않는다. 그저 고객의 경험을 도우면 매출은 따라온다고 생각한다.

그래서 센스 있는 직원은 고객의 물음에 절대 단순답변을 하지 않는다. 도리어 고객이 놓치고 있는 것처럼 보이는 질문을 통해 고객이 자기 니즈를 보다 명료하게 인식하도록 돕는다. 그래서 고객이 스스로 답을 찾도록 유도한다.

여느 식당에서 손님들이 흔히 던지는 질문이다.
"이 집은 뭐가 맛있어요?"
아마도 가장 많이 돌아오는 답변은 이게 아닐까?
"다 맛있어요."
혹은 메뉴를 콕 짚어서 '부대찌개 맛있어요?'라고 물어도 역시 돌아오는 답변은 '맛있어요'다. 이렇게 답변하는 이유는 뭘까?

부대찌개 9000
라면사리 1000
공기밥 1000

부대찌개

가게 사장들이 자기중심적이기 때문이다. 손님의 경험보다는 우리 가게 매출이 더 중요하기 때문에 일단 팔고 보자는 생각에서 이렇게 답한다. 그런데 손님 입장에서 생각하는 사장은 이 질문을 다르게 받아들인다. 손님은 지금 '내 입맛에 맞을까요? 내 취향에 맞는 메뉴는 뭘까요?'를 묻고 있음을 그는 이해한다.

이상할 수 있다. 손님 취향을 왜 사장에게 묻는가? 생각해보면 이상한 상황이지만 우리는 경험적으로 이 질문의 실제 의미를 알고 있다. 그래서 휴먼 터치가 뭔지 아는 능숙한 가게 사장들은 이렇게 되묻는다.

"칼칼한 거 좋아하세요? 담백한 거 좋아하세요?"

어쩌면 이렇게 되묻는 식당 사장을 만난 적이 있을지 모르겠다. 질문이 돌아오면 당신은 어떻게 하는가? 내가 뭘 좋아하는지 '의식적으로' 생각하게 된다.

"저는 칼칼한 거요!"

답이 나왔다. 끝났다. 마침 부대찌개가 칼칼하다면 부대찌개를, 아니면 다른 칼칼한 메뉴를 추천하면 된다. 혹은 입맛에 맞게 부대찌개를 칼칼하게 내놓으면 된다.

손님의 반응은 어떨까? 물론 맛 자체도 중요하겠지만 심리적으로 볼 때 '내가 좋아서 내가 선택한 것이므로' 메뉴에 만족하는 경향이 커진다.

이 사례는 거창하게 응대 스킬이라고 할 것도 없다. 간단한 센스에 불과하다. 그런데 이 한 가지 때문에 고객이 줄지어 찾아오는 곳도 얼마든지 있다. 상품이 좋아서 찾아오는 손님들처럼 보일 수도 있겠지만 실제로는 사람을 찾아오는 것이다. 논리적으로 설득하려고 하는 게 아니라 그저 내가 필요로 하는 정보를 충분히 제공해주는 누군가가 있고, 내가 스스로 선택할 수 있도록 도와주는 누군가가 있기 때문이다.

'이 사람과 계약하길 참 잘했다', '이 사람이어서 고마웠다'라는 감정이 손님의 발길을 계속 이끌어준다. 이러한 경험은 그 어떤 매장에서도 대체할 수 없는 고유의 경쟁력이 된다. 우리 매장에 진짜 사람이 있는가? 단골은 얼마나 되는가? 늘 뜨내기 고객뿐인가? 그렇다면 뭘 파는지보다 어떻게 파는지 다시 점검해야한다. 우리 매장에 상품 말고 사람이 있는지 생각하는 게 먼저다. IT 기술의 시대에 굳이 사람을 써서 매출을 올려야 할까 싶은 사장이나 점원이 있을지 모르겠다. 그러나 지금도 손님들의 발길이 끊이지 않는 어떤 곳에서는 여전히 논리적으로 설명하기 어려운 일들이 벌어지고 있다.

휴먼 터치란 무엇인가?

언어적 터치로 완성하는 휴먼 터치

만일 어떤 고객이 재방문하여 플러스 매출을 일으킨다면 이를 유발한 모든 행위를 우리는 휴먼 터치라고 부를 수 있겠다. 보통 휴먼 터치는 '사람을 만지다'라는 의미로 해석될 수 있지만 '마음을 감동시키다'라는 의미에 가깝다. 앞에서는 주로 손님과 직원 간의 대화 중에 발생하는 휴먼 터치를 예시로 들어서 설명했다. 그러나 이 밖에도 여러 종류가 있다. 물리적 터치, 심리적 터치, 언어적 터치다.

물리적 터치

제품 또는 환경과 같은 물리적 요소를 통해 고객의 마음을 충족시키는 휴먼 터치를 말한다. 회사나 가게 차원에서 제공하는 것으로, 예컨대 대기시간에 편하게 쉴 수 있는 포근한 의자를 비치하고 읽을거리를 제공하거나 뭔가 시간을 보낼 수 있는 환경 등을 마련해주는 게 물리적 터치의 한 가지 예다. 제품을 개발할 때도 최대한 친숙함을 느끼도록 버튼 조작 방식 등 사용자 경험(UX)을 최대한 고려하는 설계가 모두 물리적 터치에 해당한다.

심리적 터치

연세대학교 세브란스 병원에서는 수술 전에 환자의 동의를 받고 의료진이 모여 환자를 위해 기도하고 시작한다. 이런 것이 대표적인 심리적 터치다. 고객이 해당 제품과 서비스를 이용하는 과정에서 고객의 신뢰를 공고히 하고 만족감을 증폭시키기 위한 수단이 된다. 생일이나 기념일 등에 새로운 이벤트를 준비해주고 특별한 혜택을 주는 것도 심리적 터치 유형에 속한다. 이 방법 역시 하나의 프로세스를 마련하는 일이므로 회사나 가게 차원에서 제공한다.

언어적 터치

위의 둘과 달리 서비스 직원만이 제공할 수 있는 휴먼 터치가 있다. 언어적 터치다. 언어적 터치라고 모두 '말'만을 통해 전달되는 건 아니다. 때로는 따뜻한 눈빛, 배려를 담은 정성스러운 제스처, 정중한 인사처럼 보디랭귀지 형태로 전달되기도 한다. 언어적 터치는 고객과 상호 작용하는 모든 과정에서 나타날 수 있다. 제스처나 표정, 고객과의 일정한 거리 유지, 따뜻한 말 한마디와 같은 친절한 태도를 비롯하여 가치를 높이는 설명, 욕구를 파악하는 질문과 같은 커뮤니케이션이 모두 언어적 터치에 속한다.

이 셋 중에 가장 핵심이 되는 건 언어적 터치다. 기업에서 아무리 훌륭한 물리적 터치 요소와 심리적 터치 프로세스를 개발하여 소비자에게 제공하더라도 현장에서 대면하는 직원에게 언어적 터치 센스가 결여되어 있다면 무용지물이 되기 쉽다.

좋은 예시가 있다. 산을 끼고 있는 어느 골프장 이야기다. 우리나라는 지형 특성상 산악형 골프장이 있기 마련인데 이런 코스가 유독 어렵다. 물론 경사가 급해서 재미있다는 플레이어들도 있지만 아무래도 한 타라도 더 줄이는 게 골퍼들에게 즐거운 경험이 되지 않을까? 이 문제를 해결하기 위해 어느 골프장에

서는 산악 지형의 어려운 코스에 냉면 그릇 크기만한 홀컵을 준비했다.

위에서 살펴본 바에 따르면 냉면 크기의 홀컵은 회사에서 제공한 것으로, 물리적 터치와 심리적 터치를 고려한 휴먼 터치가 된다. 그런데 홀컵만 바꾸었다고 끝이 아니다. 언어적 터치가 필요하다. 때마침 코스도 어렵고 플레이어들도 난항을 겪고 있었다. 캐디가 나선다.

"얼마나 코스가 어려우면 저희가 큰 홀컵 이벤트를 준비했겠어요. 어려운데 잘해주신 거예요."

원래 어렵다, 잘하고 있다는 한마디 말이 작은 위로가 된다. 냉면 그릇만한 홀컵에 공이 들어갈 때 누구보다 기쁘게 "나이스인!Nice in!"을 외쳐주면 즐거움은 커질 수밖에 없다. 물론 큰 홀컵인데도 스코어가 좋지 못한 플레이어도 있다. 그때도 언어적 터치는 유용하다.

"이 코스가 유난히 세컨드 샷이 어려워요. 다음 홀 공략법을 제가 더 자세히 알려드릴게요. 비거리가 많이 나오시니까 다음 홀에서 유리하실 거예요."

이 작은 사례에서 보듯이 물리적, 심리적 터치는 홀로 존재하는 게 아니고, 언어적 터치를 거치며 완성된다. 언어적 터치가 없다면 고객은 본인의 경험에 유의미한 스토리를 구성하지 못할 가능성이 크다. 그저 어려운 코스, 냉면 크기의 홀컵이 무의미하게 연결되어 있을 뿐이고, 골프 플레이어로서의 경험은 '오늘은 별로네'가 되겠다.

언택트 서비스 시대가 되었지만 기술 자체는 사람이 겪는 개별 문제에 개입하지도 않고, 알려고 하지도 않는다. 고객 본인도 잘 인식하지 못하는 문제라면 더욱 그렇다. 이 고객의 가슴에는 불만족이라는 커다란 홀이 있고, 이 틈을 느낄 수 있는 직원이 필요하다, 그 직원의 있고 없고에 따라 재방문 고객이 될지 말지가 결정된다. 마르지 않는 샘물처럼 고객이 내일도 모레도 계속 오게 만들고 싶다면 휴먼 터치를 고민하고 이를 완성할 수 있는 직원을 개발해야 한다.

싼 가격 전략은 휴먼 터치가 아니다

고객 재방문을 부르는 비밀

"싸게 드릴게요. 저와 거래하시죠."

가격 할인 전략은 휴먼 터치가 될까? 지금까지의 필자 경험에 비추어보면 이는 아주 위험한 생각이다. 사람들에게 종종 물어본다. 좋았던 서비스 순간을 떠올려보고 그 기업의 브랜드를 말해달라고. 그러면 한결같은 답변이 돌아온다. 굴지의 대기업이나 고급스러운 서비스를 제공하는 호텔이나 항공사 같은 곳들이다.

사람들이 말하는 좋은 서비스란 결코 값싸지 않다. 저렴한 가격에 만족한 소비자에게 다시 만족감을 주려면 지속적으로 할인 정책을 내세울 수밖에 없다. 가격을 깎는 건 한순간이지만 한 번

내려간 가격은 다시 올리기 힘들다. '싸지는 않았지만 좋았다, 제 값을 했다'라고 느끼도록 유도하는 것. 그래서 고객이 자기 발로 다시 찾도록 하는 것. 그게 진짜 휴먼 터치다.

싼 가격이 휴먼 터치가 될 수 없는 이유는 소비자들이 구매를 결정하기까지의 과정을 살펴보면 쉽게 이해할 수 있다. 고객의 만족 공식은 다음과 같다.

내가 들인 노고나 비용 〈 내가 구매한 상품 혹은 서비스 경험

상품 혹은 서비스 경험의 가치가 내가 쓴 돈이나 시간보다 더 커야 한다. 그럴 때 만족한다. 너무 당연한 이야기다. 어느 고객도 손해를 감수하고 싶어 하지 않는다. 만일 고객이 지불한 것에 비해 상품이나 서비스 경험이 가치가 떨어진다고 느끼면 고객은 떠난다. 여기 말고도 갈 곳은 널렸다.

이 대전제 아래 요즘 소비자들의 구매 방식을 읽어보자. 물론 여전히 주 소비층은 기성세대다. 그런데 특이한 일들이 벌어진다. 요즘 기성세대들은 구매하고 싶은 뭔가가 생기면 자녀나 후배 등 MZ세대에게 도움을 요청한다. MZ세대가 구매의 최전방에 나서거나 혹은 MZ세대로부터 구매 방식을 학습한 기성세대들이 구매에 나선다.

이들은 백화점이나 오프라인 매장보다 스타트 기업의 혁신적인 아이디어를 눈여겨보고 직구나 공구를 적극 활용하며 온라인 커뮤니티 등 수많은 채널을 드나들며 손에 넣은 주·객관적 정보를 비교한다. 구매를 결정할 때 타인의 상품 후기도 물론 살피지만 무료배송, 쇼핑안내, 간편한 계산, 빠른 환불, 쉬운 쇼핑, 품질 보증 같은 서비스도 따진다.

손바닥 뒤집듯이 결정도 바꾼다. 웹사이트 반응 속도가 조금만 늦거나 불필요한 가입절차가 개입하면 장바구니에 물건을 담아뒀는데도 불구하고 경쟁업체로 갈아탄다. '이 정도는 기다리겠지'라고 착각하면 안 된다.

이렇게 잠깐만 살펴봐도 '들인 노고나 비용'의 의미가 예전과 많이 달라졌다는 걸 이해할 수 있다. 품질은 절대적인 구매 요인이 아니다. 단순히 싸다는 것도 구매를 결정하는 핵심 요인이 되지 못한다. 과거의 눈으로 볼 때 '너무 까다로운 것 아닌가'라고 생각이 들 만큼 구매부터 사용까지의 전 과정을 조목조목 따진다. 이를 다 합쳐서 '들인 노고나 비용'이라고 여기기 때문에 단순히 10% 할인이 매력적으로 다가오지 못하는 것이다.

싼 가격 정책은 어쩌면 그나마 나은 것일지도 모른다. 싼 가격 정책이 비록 휴먼 터치는 아닐지라도 휴먼 터치 자체를 훼손하는 건 아니기 때문이다. 그런데 어떤 정책은 휴먼 터치와 정반대의 효과를 만들어내기도 한다.

고객의 이탈을 막기 위해 해지 방어 프로그램을 실행하여 해지 절차를 어렵게 만들거나 해지 패널티를 부여하는 게 대표적이다. 고객 입장이 되어보면 너무 아찔한 경험이다. 내 마음대로 나가지 못한다면 얼마나 속이 터지겠는가. 완전히 잘못된 판단이다. 이보다는 쿠팡처럼 고객이 일정 비용을 더 지불하면 로켓와우 배송 같은 보다 빠른 배송 서비스를 받을 수 있도록 서비스 수준을 높이는 게 올바른 접근이다.

해지 방어 프로그램 못지않은 게 또 있다. 고객의 부정적 후기나 고객불만 게시판을 비공개로 돌려놓는 경우다. 부정적 정보를 비공개로 하면 나쁜 소문을 감추는 데 일부 도움은 되겠지만 이는 짧은 생각이다. 중장기적으로 볼 때는 신뢰를 깎아먹는 패착이 된다.

사람은 누구나 '고백'을 진실하다고 느끼는데 그런 고백에는 반드시 자기 잘못에 대한 반성이나 실수에 대한 후회가 들어 있기 마련이다. 마찬가지로 고객 역시 후기를 볼 때 '부정적 의견'을 반드시 확인한다. 그래서 회사에서 설정한 추천 정렬 순서로

만 보는 게 아니라 반대로도 보고 최신 순으로도 보며 후기의 진위 여부를 체크한 뒤에 (여기서 끝나는 게 아니라) 포털사이트에 접속해서 '내돈내산' 같은 키워드로 재검색한다. 내돈내산이라고 명백하게 밝히는 경험담일지라도 무조건적인 긍정적 피드백만 나열되어 있을 때는 믿고 거른다.

불만 게시판을 비공개로 돌리는 건 또 다른 문제를 만든다. 회사에 대고 아무리 얘기해봐야 소용없다고 느낀 고객은 말없이 떠나거나 혹은 자기 불만을 외부에 퍼뜨리며 부정적 영향력을 행사하려고 한다.

우리는 더 이상 기술 독주의 시대에 살지 않는다. 과거에는 신

상이나 신기술이라면 무조건 먹히던 시절이 있었다. 물론 지금도 영향이 없는 건 아니지만 기술 자체는 절대 군주의 자리에서 물러났다. 대신 상품 판매의 성패는 고객의 인식에 달린 문제로 전환되었다. 사용자 경험UX이나 사용자 인터페이스UI는 스마트폰에 국한된 이야기가 아니다.

상품을 기획하고 론칭할 때 빠지지 않는 단어가 있다. '고객의 니즈'다. 이미 오래 전부터 달라지지 않는 이 표현은 얼마나 충분히 이 표현을 이해하고 있느냐에 따라 대응에 큰 차이를 보이는 것 같다. 여전히 많은 기업들이 고객의 니즈를 반영하려고 노력한다고 말하는데 들어보면 대개는 고객이 직접적으로 표현한 니즈에만 집중한다. 표현된 그 니즈는 우리만 듣는 게 아니다. 경쟁 업체도 듣는다. 비밀이 전혀 아니다.

반면 진짜를 만드는 기업들은 말로 표현되지 않은 소리까지 듣는다. 진짜를 만드는 기업들은 아직 발현되지 않은 잠재된 니즈까지 듣는다. 그럴 때 시장을 압도하고 시장을 선도한다고 말할 수 있다.

말로 표현하지 않은 소리라고 하지만 말이 아닐 뿐, 지금도 고객들은 계속 말하고 있다. 기존 고객이 떠나고 있는데 아무 소리도 못 듣는다. 그들의 이탈은 단지 소수 고객들이 가진 특이한 취향 때문이 아니다. 원래 안 되는 것도 아니고, 어쩔 수 없는 것도 아니다. 아마 고객 접점 최전방에 있는 고객센터에서는 떠나가는 고객을 향해 고개를 숙이며 '죄송합니다'만을 되풀이하고 있을지도 모른다. 안타까운 일이다.

고객은 언제든 경쟁사로 갈아탈 준비가 되어 있다. 빠르게 변하는 이 시대에 생존하려면 숨겨진 니즈, 변화하는 니즈에 집중해야 한다. 이러한 니즈에 대한 이해가 문제해결을 위한 휴먼 터치로 이어지는 것임을 명심해야 한다.

휴먼 터치가 안 된다고 느낀다면
- 4가지 점검사항

휴먼 터치란 재방문을 가능케 하는 모든 요인을 의미한다. 우리가 휴먼 터치를 하고 있는지 아닌지 확인하는 가장 좋은 방법은 재방문 고객의 숫자를 체크하는 것이다. 전에 왔던 손님이 일정한 주기로 다시 방문하거나 혹은 다른 손님을 대동하고 나타난다면 휴먼 터치가 잘 이루어진다고 판단할 수 있겠다. 이와 함께 매출도 휴먼 터치 여부를 판가름하는 기준이 된다.

그러나 매출 혹은 재방문 고객 숫자가 원하는 만큼 늘지 않는다면 휴먼 터치를 점검할 필요가 있다. 다음은 휴먼 터치가 제대로 이루어지지 않을 때, 즉 고객과의 소통에 문제가 있다고 느낄 때 점검해야 할 4가지 사항이다.

❶─○ 우리는 고객에게 얼마나 진심인가?

이 질문이 본질적으로 추구하는 목표는 따로 있다. 우리의 진심을 확인하는 건 수단일 뿐이고, 결과적으로 고객이 얼마나 우리의 진심을 느꼈는지가 더 중요하다. 그러나 지금은 고객의 느낌까지 생각할 필요는 없겠다. 그저 우리가 어떻게 해왔는지 돌아보는 것만으로도 어느 정도 답을 얻을 수 있다. 거창한 지표나 컨설팅도 필요 없다. 우리 홈페이지를 보면 답이 나온다.

홈페이지에는 고객과의 약속이 있다. 온갖 좋은 말들이 담겨 있다. 그 약속을 지키고 있는가? 혹시 억지로 꾸며낸 말은 아닌가? 일단 팔고 보기 위해 과장하거나 없는 말을 지어낸 건 아닌가?

이는 기업뿐 아니라 현장에 있는 응대자 개개인에게도 해당되는 질문이다. 우리는 고객의 경험을 돕는 사람들인데 진짜 돕고 있는가? 고객을 돕겠다는 마음은 갖고 있지만 그 돕는 방식이 자기중심적인 것은 아닌가? 내가 지금 하지 않거나 거절하는 것이 정말 고객을 위한 행동인가? 혹시 회사 입장을 대변하거나 나 편하자고 그런 건 아닌가?

❷──° 우리의 서비스는 얼마나 투명한가?

감추는 자가 범인이란다. 이 바닥도 똑같다. 감추는 자는 신뢰를 잃는다. 혹시 당신의 회사는 감추는 게 없는가?

고객의 쓴소리나 폭로성 글은 숨기기 급급하고 보기 좋은 후기만 게시하지는 않는가? 계약 약관의 리스크 정보를 조그마한 글씨로 최대한 숨기고 있지 않은가? 고객이 받을 피해나 불편이 예상되는데도 사전고지는 물론, 대안 제시도 없는가? 신사다운 태도로 문제를 제기하는 고객의 목소리는 외면하고 도리어 소리를 지르거나 상급자를 찾거나 잦은 문제 제기를 하는 고객을 대상으로 '원하는 거 해드릴 테니까 어디 가서 얘기하지 마세요'라고 하면서 입막음을 하려고 하지는 않은가?

결과적으로 그런 불합리한 보상 행위가 악질 고객을 양산한다는 사실은 알고 있는가? 아니, 그보다 합리적 문제 제기 고객들이 '여기는 내 목소리에 귀를 기울이지 않는다, 여기는 바꾸고 싶은 생각이 없다, 이곳은 문제 처리 방식이 불투명하다'라고 느끼도록 하고 있지는 않은가?

❸—◦ 우리는 얼마나 고객의 소리를 경청하는가?

'경청'을 말하려면 이전 과정부터 따져봐야 한다. 우선, 고객이 말할 수 있는 기회가 충분히 제공되고 있는가? 말을 할 수 있는 채널과 과정이 편하고 쉬운가? 고객이 말을 하기 귀찮고 번거롭게 만들어 놓고 고객의 말을 경청하겠다는 것은 앞뒤가 맞지 않는다.

우리가 고객의 소리를 얼마나 잘 경청하는지 체크하기 위해서는 품을 팔아야 한다. 우리가 제공하고 있는 우리 채널이 아니라 다른 채널을 통해서 말이다. 불특정 다수가 애용하는 커뮤니티에 우리 고객의 불편·불만 사항이 혹시 있지 않은가? 고객이 유튜브, 페이스북 등과 같은 소셜네트워크서비스^{SNS}의 다른 채널에서 문제를 제기한다면 그건 우리가 고객의 이야기를 경청하지 않는다는 뜻이다. 최악의 경우다.

만일 어느 정도 자사 채널이 갖춰져 있고, 이를 통해 고객과 소통한다고 하더라도 다른 채널의 리서치를 그치면 안 된다. 직접 표현하지 못한 어떤 목소리를 들을 수 있는 기회가 되기 때문이다. 접점에서 고객을 응대하는 직원이라면 고객과의 단순 질의응답을 넘어 질문을 통해 고객이 본인의 이야기를 적극적으로 할 수 있는 기회를 제공하고 있는지 체크한다. 그 과정에서 자연스럽게 고객이 뭘 더 필요로 하는지, 어떤 도움이 필요한지 확인할 수 있다.

❹─○ 우리는 고객의 소리에 얼마나 반응을 보였나?

고객의 소리를 제대로 경청하는 곳은 피드백을 통해 적극적으로 변화를 실천한다. 이런 게 반응이다. 그런데 듣기는 하되 바뀌지 않는 곳도 많다. 마치 혼날 때는 당장 새사람으로 거듭날 것처럼 반성하던 아이가 내일 또 사고를 치듯이 말이다.

만일 같은 문제, 같은 피해가 되풀이된다면 우리는 반성하는 척하는 아이와 다를 게 없다. 이 아이의 부모는 이제 슬슬 아이의 반성에 지쳐간다. 못 믿게 된다. 그래도 포기하지 않는 건 부모이기 때문인데 고객은 우리 부모가 아니다.

고객이 피드백을 주는 것은 다음에도 이용하겠다는 적극적인 의사표현이다. 이때 회사가 반응을 해서 달라지면 고객의 관심과 만족은 높아진다. 충성도가 커진다. 실제로 소비자 조사 결과에서도 서비스 불만을 처리하는 과정에서 충성도가 높아진다는 게 입증되었다. 그런데 혹시 고객의 피드백에 대해 응대자는 회사

측의 입장을 대변하려고 하지는 않는가? 고객이 요구하는 건 내 입장에 대한 공감과 개선을 위한 노력인데 말이다.

한편 피드백에 대한 반응으로 서비스 일부에 개선이 있었다면 문제 제기를 한 고객에게 어떻게 바꾸었다며 감사 인사를 전달하는 것도 잊지 말아야 한다.

〈휴먼 터치가 부족하다고 느낄 때 4가지 점검사항〉

① 우리는 진심인가?
② 우리는 투명한가?
③ 우리는 듣는가?
④ 우리는 바뀌는가?

성공적인 휴먼 터치를 하고 싶다면
- 6가지 필수 점검사항

'서비스'란 뭘까? 서비스업에 종사하는 많은 분들에게 '도대체 여러분이 몸담고 있는 그 서비스가 뭔가요?'라고 물어도 깔끔하게 정의를 내리는 경우는 보기 힘들다. 뭔가를 '서브serve' 하는 일이라는 건 다 알지만 그 뭔가가 불분명하다. 그 '뭔가'는 고객인가?

물론 '고객을 돕는 것'도 '서비스'다. 그런데 고객의 무엇을 돕는가? 고객이 물건을 구매하는 과정을 돕는 건가? 조금 더 가까워진 것 같지만 사실 한 걸음 멀어졌다. 과거라면 그렇게 대답해야 딩동댕이었지만 지금은 땡이다. 오늘날 고객이 구매하는 것은 '제품'이 아니라 '경험'이기 때문이다.

이 표현에 오해가 없기를 바란다. 제품은 더 이상 중요하지 않다는 얘기인가? 그런 건 아니다. 다만 더 넓은 개념인 '경험' 안에 '제품'이 포함되었다. 예컨대 스마트폰을 구입했다고 가정하면 우리는 내부에 들어 있는 반도체나 회로를 보면서 '우와, 진짜 잘 만들었네'라고 감탄하지 않는다. 단지 제품이 사용자와 만나는 접점 안에서만 제품을 경험한다.

제품 판매자도 회로도가 어쩌니 저쩌니 얘기하지 않는다. 대신 앞으로 사용자가 경험할 내용에 대해서 안내한다. 그런 의미에서 고객은 제품 자체가 아니라 제품을 포함한 경험을 구매한다고 생각하면 현대적 관점의 서비스 개념에 옳게 안착한 것이다.

서비스도 마찬가지다. 내가 고객에게 무엇을 제공했는지가 아니라 (나의 서비스를) 고객이 어떻게 경험했는지가 훨씬 중요해졌다. 주어가 '나'가 아니라 '고객'이 되며, 제공된 내용 자체가 아니라 이를 포함한 고객경험CX, Customer eXperience이 훨씬 중요해졌다.

과거에는 고객만족CS, Customer Satisfaction이면 충분했다. 고객만족은 결과 중심적이다. 어떤 과정을 거쳤든 최종적으로 고객이 '오케이'라고 반응하면 끝이다. 그런데 고객만족이라는 게 결과만을 의미하는 게 아님을 알게 되었다. 고객은 구매 과정에서 느끼는 모든 고객경험을 총합하여 만족 정도를 결정한다.

그런 맥락에서 고객만족은 고객경험의 한 부속이 되었다. 그래서 오늘날 서비스란 고객이 구매 과정에서 겪는 모든 경험을 관리하는 것이라고 정의한다.

휴먼 터치는 이런 서비스 개념 아래에서 성립하는 방법론이다. 그냥 무조건 마음을 움직인다고 다 휴먼 터치가 아니다. 서비스에 대한 정확한 이해 아래 이 목표를 달성하기 위해 시행하는 모든 적극적 행위를 가리킨다고 보는 게 옳겠다.

따라서 적극적인 휴먼 터치로 나아가려면 우리가 진짜 서비스를 하고 있는지부터 점검해야 한다. 진짜 서비스 안에는 수많은 휴먼 터치 요소들이 담겨 있을 뿐 아니라 창의적인 휴먼 터치 요소들을 개발할 수 있는 기회도 만들어진다. 다음은 우리의 서비스가 제대로 이루어지는지 체크하기 위한 6가지 점검사항이다.

❶─◦ 우리는 고객이 원하는 방식으로 서비스를 제공하고 있는가?

'우리는 고객을 향합니다.', '우리는 고객을 위해 존재합니다.' 많은 기업에서 애용하는 캐치프레이즈다. 그런데 해당 회사의 업무 프로세스를 들여다보면 고객 편의보다는 직원 또는 기업의 업무 효율성만을 따른 경우가 많다. 그래서 어떤 일이 벌어지는가 하면 고객이 회사 정책에 발을 맞추는 일이 벌어진다.

만일 고객이 불만을 토로하면 이런 답변이 돌아온다. '고객님, 죄송하지만 저희 정책상~' 또는 '고객님, 도움을 드리지 못해서 죄송합니다. 그렇게는 안 돼요.' 어느 업체와 통화 중에, 이번만 분할납부를 하고 다음부터 일괄납부를 하고 싶다고 했더니 돌아온 답변이기도 하다. 이사 업체와 통화할 때도 같은 경험이 있다. 가구 배송을 원하는 시간과 날짜가 있었는데 그렇게는 어렵단다.

고객은 서비스를 제공받는 순간 수없이 많은 거절을 당한다. 그 거절이 도대체 누굴 위한 거절인지 되돌아보고 우리의 서비스 정책이 정말 고객이 원하는 방식에 맞는지 다시 한번 점검해야 한다. 만일 모든 고객의 요구를 수용할 수 없다면 최소한 두 개 이상의 선택지를 제공하는 게 필요하다. 선택지가 있다면 적어도 최종 의사결정은 고객이 할 수 있으니까 말이다.

❷ 우리는 고객에게 간편한 프로세스로 서비스를 제공하고 있는가?

자동 응답 시스템ARS의 안내에 따라 정보를 입력하고 기다렸는데 상담원이 같은 질문을 반복하는 경우가 있다. 혹은 '고객님, 그건 저희 담당이 아니라서요'라고 말하며 담당자를 다시 연결해주는 경우도 있다. 바뀐 담당자에게 처음부터 다시 설명하는 경우가 얼마나 허다한가? 홈페이지의 안내문에 따라 이렇게 했더니 상담원은 저렇게 하란다. 회사 내부의 뒤죽박죽 서비스와 절차 때문에 고객이 불편을 겪는 경우다.

시니어 고객이든 어린 고객이든 장애를 가진 고객이든 모든 고객은 고객서비스의 모든 여정에서 최대한 쉽고 간편하게 서비스를 이용할 수 있어야 한다. 처음부터 다시 입력해야 하거나 되풀이해서 설명해야 하는 절차가 있다면 통합과 연결을 통해 극복해야 한다.

❸ 우리는 고객에게 지금(NOW) 서비스를 제공하였는가?

고객이 원하는 건 '나중'이 아니고 '지금'이다. 혹시 목마른 사람이 우물을 판다고 생각하는가? '아쉬운 건 고객 너희들이니 기다려' 혹은 '최대한 빨리 처리해 줄 테니 조금만 기다려'라는 생각으로 접근하면 곤란하다.

문제해결이든 욕구충족이든 고객이 원하는 시점은 바로 지금이다. 아무리 맛있는 음식도 흐름이 깨지면 입맛이 떨어진다. 서비스 분야에서도 기다리는 시간은 만족감을 뚝뚝 떨어뜨리는 지름길이다. 만약 불가피하게 고객이 대기해야 한다면 예상처리시간 등을 고지하고 약속을 지키는 것이 매우 중요하다.

❹─◦ 우리는 고객에게 셀프서비스를 제공하고 있는가?

서비스 제공자들의 대표적인 착각 가운데 하나가 고객은 우리를 만나고 싶어 한다는 생각이다. 대면이든 비대면이든 접촉하는 순간을 귀찮아하는 고객도 많다. IT 기술 등의 발달로 서비스산업 환경이 변해가고 젊은 소비자들이 늘면서 '내가 알아서', '내가 필요한 것만', '내 시간에 맞춰서' 서비스를 제공받고 싶어 하는 소비자의 니즈가 커졌다. 이를 만족시키려면 온오프라인 채널을 모두 열어서 서비스를 설계해야 한다.

한 연구조사에 따르면 온오프라인 양쪽 모두 활용해서 소비하는 고객은 한 가지 채널만 사용하는 고객보다 고객생애가치CLV, Customer Lifetime Value가 30%가 높게 나타났다. 고객생애가치란 고객이 평생 동안 제품과 서비스를 소비할 때 그 기업에게 가져다주는 수익을 뜻하는 말이다. 쉽게 말해 온오프라인 동시 사용 고객이 기업에게는 더 큰 수익을 안겨준다는 말이다.

물론 아직 새로운 방식의 서비스에 어두운 분들이 있다. 신기술에 거부감을 느끼는 기성세대나 연세 드신 분들에게는 자동화 서비스가 도리어 어려울 수 있으니 그에 맞는 대처가 필요하다.

❺⟶ 우리는 고객에게 능동적인 서비스를 제공하고 있는가?

'소 잃고 외양간 고친다.' 나중에 고치는 게 안 고치는 것보다야 낫겠지만 먼저 고치는 게 더 좋겠다. 식당에서도 흔히 사후약방문식의 서비스 멘트를 접한다. 식사를 마친 손님이 계산을 위해 프런트에 들르면 그때서야 '식사 맛있게 하셨어요?'라고 형식적으로 질문을 던지는데 과연 고객만족에 얼마나 영향을 끼칠까?

정말 고객만족을 실천하고 싶다면 음식이 제공되기 전이나 음식을 제공받는 과정에서 서비스가 들어가는 게 옳다. 발생한 문제를 사후에 해결하는 건 고객을 만족시키는 요소가 되지 못한다.

나아가 서비스에 문제가 없다고 고객이 만족하는 것도 아니다. 서비스에 문제가 없는 건 기본이고, 서비스를 제공하는 과정에서 기분 좋은 경험을 할 수 있도록 고객 관찰을 통해 지금 당장의 니즈나 불편을 체크해야 한다. 그렇게 체크된 니즈나 불편이 해결될 때 만족감이 커지는 것이다.

따라서 서비스는 문제가 터지고 나서야 응대하는 수동적인 서비스가 아닌 적극적으로 문제를 찾고 만족을 실천하는 능동적 서비스가 되어야 한다.

❻ ─○ 우리는 고객 차별화를 위한 서비스를 제공하고 있는가?

당연히 차별화란 말은 누구를 홀대하라는 얘기가 아니다. 첫 방문 고객과, 7차례 재방문 고객을 똑같이 대하는 게 옳은가에 대한 답변으로 '차별화'를 말하는 것이다. 모든 고객을 소중히 여겨야 하는 것은 맞지만 재방문, 추가 구매에 대한 인센티브는 그들이 계속적으로 서비스를 이용하고 싶게 만드는 방법이기도 하다.

차별화도 고객 중심적인 사고에서 비롯된 결과물이다. 벌써 여러 차례 방문했는데 처음 온 고객처럼 기억도 못하면 얼마나 서운할까? 알은 척은 해주는데 처음 온 고객과 별반 다를 게 없는 서비스를 받는다면 조금은 아쉽지 않겠는가?

이런 고객의 입장을 헤아려 방문 횟수나 구매 액수에 따라 세분화해서 고객을 관리해야 한다. 고객이 구입한 상품군에 따른 고객 맞춤 교차판매 포인트를 찾고 고객 충성도(신규고객인지 단골고객인지)에 따른 혜택을 다르게 제공한다.

모든 고객은 다 똑같은 고객일까? 우리는 모든 고객을 평등하게 대우해야 할까? 동일 서비스를 통한 고객관리는 과연 고객의 재방문을 촉진할 수 있을까? 기본적인 서비스도 충실해야 하지만 추가적인 서비스가 있어야 한다.

〈적극적 휴먼 터치를 위한 6가지 점검사항〉

① 고객이 원하는 방식인가?
② 고객이 간편하게 느끼는가?
③ 지금 당장 서비스를 제공하는가?
④ 셀프서비스를 제공하는가?
⑤ 서비스가 능동적인가?
⑥ 서비스 차별화가 되는가?

Part 2

고객이 나를 허락할 때까지

- 휴먼 터치 제1법칙, 친해지기

Human Touch

고객들은 단지 고객이 스스로 표현한 것을 넘어 고객의 상황, 감정까지 헤아려 준 점원을 '나를 아는 사람'으로 여겨 마음의 문을 열고, 숨은 메시지까지 기꺼이 전달한다.

잘 팔면 그만이지
굳이 친해질 필요까지야?

기다리고 도와주는 친구가 된다

직원 교육 요청을 받고 오프라인 매장으로 달려가면, 요즘처럼 사람 없기는 또 처음이라며 난리다. 사실 그 '난리'가 최근 몇 달 사이에 처음 생긴 난리는 아닐 것이다. 손님을 맞이하기 위해 깔끔하게 정돈한 매장부터 고객경험을 위해 준비한 체험공간이나 질문 형태의 새로운 고객응대법을 보노라면 참 많이 준비했는데 속상하겠다는 생각도 든다.

그런데 가만히 고객을 대하는 방식을 듣거나 관찰해보면 '준비' 과정이 생략된 곳이 눈에 많이 띈다.

어서 빨리 매출을 올리고 싶은 그 마음, 충분히 이해한다. 그런데 고객은 아직 준비가 덜 되었다. 가게 문까지야 자기 손으로 열고 들어왔지만 그렇다고 마음까지 활짝 연 건 아니다. 그때 직원이 불쑥 다가온다.

"찾으시는 거 있으세요? 뭐 찾으세요? 사이즈 어떻게 되세요?"

이 직원은 지금 '용건'을 확인하고 싶다. 용건 있어 찾아온 손님에게 용건 묻는 게 당연해 보일지 모른다. 그런데 우리가 일상에서 용건을 확인하는 경우는 언제인가? 낯선 사람이 초인종을 누르면 "누구세요?"나 "무슨 일 때문에 그러시죠?" 같은 경우다. 이때 "누구세요?"도 이름이나 직업이 궁금한 게 아니라 "무슨 용건으로 온 누구세요?"라는 질문이겠다. 그렇다, 우리는 불청객, 즉 반갑지 않은 손님에게 '용건'부터 묻는다.

용건이 뭐냐는 질문을 들은 손님은 머뭇거린다. '이런 거 찾아요'라고 답을 하면 마치 꼭 구매해야 할 것 같은 압박감을 느낀다. 사려고 온 건 맞지만 아직 살 준비는 안 되었는데 말이다.

이 모순된 심리를 이해해야 한다. 우리는 가게 문을 열고 들어온 모든 사람을 '고객'이라고 묶어서 부르지만 실은 이 사람은 아직 고객이 아니다. 고객이 될지 말지 선택의 기로에 있는 사람이라고 보는 게 더 옳아 보인다. 기로에 선 이 사람은 아주 작은 힘만으로도 한쪽으로 기울어진다. 마치 평균대 위에 서 있는 사람처럼.

이런 마음도 모른 채 '용건'을 앞세워 본의 아니게 고객이 발길을 돌리도록 만들고 난 뒤 '어차피 안 살 사람이었어'라고 생각한다. 나는 잘못이 없다는 합리화 과정이다. 그게 되풀이되면 이제 그 직원은 가게 앞 맹견이 되어 '반쯤 고객으로 찾아온 사람'을 집으로 돌려보내고 만다.

물론 스스로 용건을 꺼내고 직원의 도움을 적극 요청하는 사람들도 있다. 특히 단골이라면 구매 계획을 다 세워두고 방문했을 테니 문제가 없을 것 같다. 그러나 그런 가게가 몇이나 될 것이며, 단골이 영원하다고 생각하기 힘들다. 어느 서비스 업종이든 새로운 고객을 받을 준비가 되어 있어야 한다. 그래서 선택의 기로에 서 있는 사람일지라도 잠재 고객으로 보고 그에 맞게 응대해야 한다.

예컨대 단순히 길을 묻기 위해 들른 고객이더라도 반가운 손님 맞듯 환대하면서 안내하고 "다음에 저희 매장 한번 들러주세요"라고 말하며 쿠폰이나 안내지를 전달하는 것이 좋다. 잘못 전화한 고객일지라도 "고객님, 전화가 잘못 연결된 것 같아요. 여기는 ○○을 판매하는 매장이거든요. 좋은 하루 보내세요"라고 응대하는 습관이 필요하다.

고객이 아닌 게 명확한 사람이라도 이렇게 응대해야 한다고 배웠을 것이다. 그러나 반쯤 고객의 모습으로 들어온 손님을 완벽한 타인으로 만들어 내쫓는 건 무슨 전략일까? 지금 우리의 모습이 이렇다면 전략을 수정할 필요가 있다. 50% 고객인 사람을 51% 고객이 되도록 만드는 전략, 즉 친해지기다.

이 말은 참 오해도 많다. 대개 이런 식이다.

"잘 팔면 그만이지 굳이 고객과 친해질 필요가 있을까?"

아마도 '친해진다'라는 말을 오해하기 때문에 나오는 반응이라고 생각된다. 그런데 '친해진다'라는 말은 둘이 친구가 되라는 뜻이 아니다. 수다를 떨라는 얘기도 아니고, 웃긴 말로 웃음을 선사하라는 얘기도 아니다. 이보다는 '제가 지금 당신에게 다가갈 건데 괜찮으신가요?'라고 물으며 내가 들어갈 자리를 요청하는 과정, 즉 직원에 대한 고객의 심리적 거리감을 줄이는 과정을 의미한다.

아마도 이런 고객을 만나본 적이 있을 것 같다. 고객이 매장에 들어오고, 인사를 하며 다가갔는데 눈도 마주치지 않은 채 얼음처럼 차갑게 툭 내뱉는다.

"저 혼자 볼게요."

그리고 틈을 내주지 않겠다는 듯이 직원을 외면하고 진열대로 몸을 튼다. 이렇게 '다가오지 마세요'라고 신호를 보내면 더 이상 어떻게 하기도 곤란해진다. 어떻게 할까? 그냥 나 몰라라 방치할까? 본인이 그걸 원하지 않는가? …진짜? 진짜로 고객이 원하는 게 '나 좀 가만히 내버려둬'일까? 매우 대단히 잘못된 오해다. 손님의 태도는 고객 심리적 차원에서 바라보면 절대 그런 뜻이 아니다. 고객의 서비스 거부 몸짓은 이런 뜻이다.

"아직 낯설어. 시간이 필요해."

이럴 때 휴먼 터치에 능한 직원이라면 고객의 심리를 어느 정도 읽고 이렇게 답한다.

"천천히 살펴보시고 도움이 필요하시면 언제든지 편하게 불러주세요."

많이 들어서 알고 있고, 또 실제로도 이렇게 응답하는 직원도 많을 것 같다. 그런데 이 말의 진정한 의미는 '원하는 대로 내버려둘게. 그래도 필요하면 찾아'라는 뜻이 아니다. 휴먼 터치에 능한 직원은 지금이 친밀감 형성 단계라는 점을 잘 이해하고 있다. 그래서 자신이 던진 이 말이 친밀감을 만드는 첫 단추임도 잘 알고 있다.

그래서 고객의 요구처럼 혼자 보도록 내버려두지만 방치하는 게 아니고 한 걸음 떨어진 곳에서, 즉 고객이 부담을 느끼지 않을 만한 거리에서 고객을 관찰하기 시작한다. 이 직원은 잠시 일을 멈추는 게 아니고, 뭔가 일이 시작되었음을 안다. 눈으로 고객을 따라가면서 고객의 몸짓이나 태도, 표정 등을 통해 태도에 어떤 변화가 있는지 체크하면서 도움 줄 타이밍을 찾는다.

마침 고객이 특정 상품을 만지며 조금 더 자세히 들여다보기 시작한다. 아직 직접적으로 도움을 요청한 건 아니지만 다가갈 수 있는 타이밍이다.

"지금 보시는 상품은 진열되어 있지 않은 다른 색상도 있으니 필요하시면 편하게 말씀해주세요."

일시적으로 반걸음 다가가지만 어느 한계는 넘지 않고 다시 원래 자리로 물러서며 심리적 거리를 유지한다. 고객이 자리를 내주기 전까지.

고객은 지금 어떤 마음일까? 아직 구매 의사까지는 몇 단계 더 남아 있다. 그래서 아직은 혼자 보고 있지만 누군가 내게 작은 정보들을 톡톡 던져주되 부담까지는 주지 않는다. 아, 저 사람은 구매 압력을 강하게 주지는 않겠구나. 저 사람이라면 도움을 받아도 덜 미안하겠다.

친밀감 전달이란 달리 보면 고객에게 도움을 주려는 순수한 마음을 의미한다. 사라는 의사 표시, 무언의 압력이 없다. 안 사도 괜찮다는 느낌을 주면서 동시에 도움 되는 정보를 주는 사람이란 대개 친구들이지 않은가?

이런 마인드를 가진 직원을 우리는 고객에 대한 배려가 있다고 표현한다. 브레이크타임이 4시까지인데 힘든 걸음으로 먼 길 찾아온 고객에게 먼저 문을 열어준다. 주문은 4시에 가능하지만 들어와서 기다리라고 하면서 따뜻한 물 한 컵 먼저 제공하는 것도 고객에 대한 배려다. 셀프바를 운영하고 있지만 조금 한가하다면 직접 가져다주는 것도 배려요, 우리 소관이 아닌 용거이지만 끊지 않고 담당 기관의 전화번호를 검색해서 알려주는 것도 배려다.

의외로 많은 고객들이 구매 행위에 부담을 갖고 있다. 의외로 많은 고객들이 사지도 않는데 와서 기웃거리는 걸 민폐로 생각한다. 그런 생각으로 매장에 들어섰는데 사겠다는 명확한 의사 표현도 없는 내게 기대치 않은 도움, 즉 구매 압력 없는 순수한 도움을 주면 그때 마음이 열린다.

참, 노파심에 덧붙이면 '안 사셔도 되니까 부담 없이 구경하세요'라는 말은 가급적 하지 않는 게 좋겠다. 심리학 격언처럼 '코끼리를 생각하지 마라'라고 하면 누구라도 머릿속에 코끼리를 떠올리게 마련이다. '안 사도 되니까'는 고객의 뇌리에 '안 사면 민폐'라는 말을 떠오르게 만든다. 그런 말을 꺼내지 말고 자연스럽게 그런 느낌을 전달하는 것이 직원이 고객에게 다가서는 첫걸음, 즉 친해지기다.

친근함을 만드는 미러링 효과의 비밀

'친하다'라는 말의 옛 용처를 보면 부모와 자식은 친함이 있다는 뜻의 '부자유친'이라는 단어와 만난다. 부모와 자식의 친한 정도를 체크하는 방법 중 하나가 '닮아 있다'라는 것인데 단지 생긴 게 닮았다는 뜻이 아니고, 하는 행동이 닮아 있다는 말이겠다. 걸음걸이가 비슷하고, 웃음소리나 짓는 표정이 유사하다. 심지어 짜증내는 방식도 닮은 경우가 많다. 연인끼리도 행동이나 표정이 닮아간다.

우리는 이런 심리적 현상을 통해 친해지는 한 가지 힌트를 찾을 수 있다. 미러링Mirroring이다. 미러링이란 상대의 말이나 행동을 마치 거울처럼 따라하는 것을 말한다. 미러링은 대개 친한 사이에서 자주 관찰된다. 친구끼리 비슷한 옷을 입고, 카톡으로 '그

랬쪙~ 알았어용~'이라고 보내면 '그래용~ 넹~'처럼 말투를 따라 한다. 오랜 시간 함께한 사람끼리는 사투리를 따라하는 경우도 많다. 소개팅 자리에서 나에 대한 호감 정도를 파악하려면 상대가 나를 따라하는지 체크해보라는 조언도 존재한다. 미러링은 인간관계에서 실로 놀라운 역할을 맡아왔다.

고객과 직원 사이에서도 미러링은 효과를 발휘한다. 직원의 미러링 행위는 고객에게 자기 선택에 대한 확신과 만족을 주기도 한다. 식당이다. 점원이 다가오자 고객이 주문한다.

"블랙 올리브 뺀 허니 스테이크 샌드위치 하나 주세요."

"네, 알겠습니다. 허니 스테이크 샌드위치 블랙 올리브 빼서 하나 맞으시죠?"

점원이 고객의 주문 내역을 똑같이 따라하며 확인해 주는 것은, 단지 주문이 맞는지 확인하는 절차에 불과하지 않다. 고객이 자기 선택에 대한 확신과 신뢰감을 높이도록 하는 좋은 응대가 된다.

주문 말고도 미러링을 할 수 있는 건 많다. 고객이 "아이, 추워"라고 말하며 어깨를 움츠리고 들어오면 같이 몸을 움츠리며 "아이, 춥죠. 어서 들어오세요"라고 말하며 응대하는 것이 좋은 미러링이다. 이 간단한 미러링은 연대감을 높여준다. 고객이 거

꾸로 직원을 미러링하는 경우도 있다. 고객이 마음을 열었다는 증거다.

사람은 자신을 따라하는 사람에게 호감을 느낀다. 심리적 벽을 치고 있는 고객의 방어기제를 무장해제 시키려면 미러링을 하자. 미러링은 미러링을 부른다.

고객과 빨리 친해지는 5가지 Tip

■ 비공식적인 장소에서 만난다

나는 비즈니스 미팅을 할 때 회사 내 회의실보다 근처 조용한 카페에서 미팅을 하자고 요청한다. 얼굴도 트지 않은 낯선 상황에서 자리까지 경직되어 있으면 친밀감을 형성하기가 어렵기 때문이다. 근처 조용한 카페에서 편안히 대화를 나누면 보다 빨리 친해질 수 있다.

고객과 상담할 때도 마찬가지다. "고객님, 저쪽으로 가셔서 따뜻한 차 한잔하시면서 이야기를 나눠보는 건 어떠세요? 조용하고 쾌적해서 더 심도 있게 이야기를 나눌 수 있거든요"라든지 "고객님, 날씨도 좋은데 함께 걸으면서 이야기하실래요?"와 같이 별도의 장소로 이동해서 이야기를 나누면 친밀감 형성에 도움이 된다.

영업인이라면 별도의 식사자리를 마련하거나 고객이 즐기는 레저나 스포츠를 함께하는 것도 방법이다. 자리에 앉을 때도 고객과 정면은 피하고 90도 자리나 L자 위치, 대각선 방면에 앉아 서류를 보면서 설명하는 것이 좋다. 공식적인 장소를 벗어날 수 없거나 자리이동이 불가능한 경우라도 최소한 사람이 적은 쪽으로 이동해야 대화가 편해질 수 있다.

참고로, 불만을 제기하는 고객을 응대해야 하는 경우도 많은데 이럴 때도 비공식적인 자리에 앉아서 이야기를 할 수 있도록 유도한다. 고객의 화를 빨리 가라앉히고 협의에 이를 수 있다.

❷ 편하게 부를 수 있도록 호칭을 알려준다

호감을 가지고 있는 사이라도 친하지 않으면 계속 '누구 씨'가 된다. 이 거리감을 좁히는 좋은 방법이 있다. 나를 편하게 부를 수 있도록 친근한 호칭을 알려주는 방법이다.

나와 친하지 않거나 사회적 거리가 있는 사람들은 '박원영 대표님' 또는 '선생님'이라고 나를 부른다. 아무것도 아닌 것 같지만 이 호칭 하나로 우리는 서울과 부산만큼 떨어지게 된다. 이때 "안녕하세요? WYP교육컨설팅 박원영 강사입니다. 편하게 박 강사라고 불러주세요. 제가 선생님 직함 또는 존함을 어떻게 불러드리면 좋을까요?"라고 자신을 소개하면 많은 경우, 상대방도 자신을 편하게 부를 수 있는 호칭을 알려준다.

고객응대 과정에서도 마찬가지다. "안녕하세요? 아무개 호텔 총지배인을 맡고 있는 홍길동입니다. 편하게 홍 지배인이라고 불러주세요"라고 말하면 된다. 반대로 우리가 사전에 고객 정보를 알고 있다면 단순히 '고객님'이라고 부르기보다는 '사장님, 전무님' 등 그들에게 익숙한 직함으로 불러주는 게 거리감을 좁히는 좋은 방법이다.

❸ 고객의 문의사항에 중요성을 부여한다

생각보다 많은 고객들이 직원에게 뭔가 부탁하거나 문의하는 걸 어려워한다. "혹시 몰라서 그러는데 저기 바닥에 물기가 있는 것 같은데요"라고 고객이 이야기했다면 어떻게 반응해야 할까? "즉시 처리하겠습니다"라고 말하는 것이 나빠 보이지는 않는다. 그러나 이보다는 "고객님 아니었으면 정말 큰일날 뻔했어요. 말씀해주셔서 너무 감사합니다"라고 말하는 것이 더 좋은 응대법이다. 뭐가 다른가? '고객님의 문의사항은 절대 하찮은 게 아니다, 정말 중요한 일이다'라는 차별화된 메시지를 전하는 것이다.

마찬가지로 "저기요, 궁금한 게 있는데요, 이거 이렇게 되는 거 맞아요?"라고 고객이 질문하면 "네, 맞습니다"보다는 "고객님, 이 부분 정말 잘해주셨네요. 이 부분이 중요한 거라서 저희도 몇 번을 확인하고 있거든요"라고 응대한다. 그렇게 고객의 문의사항에 중요성을 부여하면 고객은 '내가 이 사람과 소통하길 잘했다'라고 생각하게 되고 다음 문의 때도 편하게 나를 찾게 된다.

❹ 연대감을 만드는 공통점을 찾는다

같은 생각·의견은 심리적 연결고리를 만들어 무엇보다 친밀감을 높일 수 있다. 고객과 나의 공통점을 찾아 응대하면 보다 고객과 빨리 친해질 수 있다. 미러링과 유사하면서도 다른 방법이다.

예컨대 "고객님, 혹시 전라도 분이세요? 저희 남편도 전라도 사람이거든요. 저는 그렇게 전라도 분들에게 정이 가더라고요"와 같은 방식으로 연대감을 만들 수 있다. "고객님도 그렇게 생각하셨어요? 저도 그렇게 느끼고 있었거든요"와 같이 연결고리를 만들어 적극적으로 표현할 수도 있다.

5 고객에게 작은 부탁을 한다

친해지는 방법치곤 조금 이상해 보일 수 있다. 고객에게 부탁을 하라니, 뭔가 뒤바뀐 건 아닌가? 그런데 심리학에서 말하는 벤저민 프랭클린 효과Benjamin Franklin Effect에 따르면 사람들은 자신에게 호의를 베푼 사람보다 자신이 호의를 베푼 사람에게 더 끌린단다. 마치 빈민국 아이들을 경제적으로 지원하는 사람이 그 아이들에게 애정을 갖는 것처럼 말이다.

다만, 우리는 직원으로서 고객에게 부탁을 하는 입장이므로 어렵지 않은 작은 호의를 요청하는 게 핵심이 된다. 물론 요청하고 끝이 아니다. 보답으로 감사인사와 혜택을 준다. 예를 들어 고객에게 피드백을 요구하거나 설문 참여를 유도해서 감사인사와 혜택을 주면 고객은 해당 서비스에 대한 애착과 만족감이 더 높아질 수 있다.

요청을 한다는 게 왠지 꺼림칙한 직원도 있겠다. 남에게 민폐 끼치기 싫어하는 것인데 이들 심리의 기저에 거절에 대한 두려움과 자존심이 있는 경우가 많다. 고객이 단호하게 거절할수록 점점 고객에게 무언가를 요청하는 것이 두렵다.

하지만 고객이 거절했다고 이를 나의 실패로 규정하는 건 곤란하다. 고객의 거절은 '거절'이라는 단어가 주는 그런 두려운 뉘앙스가 아니라 그저 고객의 선택지 가운데 하나였을 뿐이다. 고객은 1번 대신 2번을 택한 것일 뿐이다. 당신을 거절한 게 아니라는 말이다.

그러므로 설령 원치 않는 결과를 얻게 되더라도 상심하지 말고, 친해지는 일환으로 생각하고 지속적으로 시도해보는 게 좋다.

소통을 가로막은 댐에 작은 구멍 뚫기

스몰 메시지와 스몰 액션으로 타이밍을 잡아라

많은 강사가 강의 서두에 재미있는 게임이나 퀴즈 등으로 얼어붙은 분위기를 푼다. 연극도 초반에 관객의 호응을 높이기 위해 이벤트로 분위기를 띄운다. 어색하고 서먹한 분위기를 깨트리는 아이스 브레이킹Ice breaking이다.

물론 고객 맞이는 다르다. 강연이나 공연은 객석에 앉혀 놓고 하기 때문에 조금 썰렁한 농담에도 다시 기회가 부여된다. 반면 고객은 조금만 어색해도 언제든지 도망간다. 어떻게 해야 할까?

고객과 친해지는 아이스 브레이킹을 할 때는 딱 2가지만 기억하자. 스몰 메시지Small Message와 스몰 액션Small Action이다. 스몰 메시지는 말 그대로 작은 주제, 사소한 말, 부담 없는 이야기를 뜻한다. 스몰 액션 또한 과하지 않은, 부담 없는 행동이나 태도다.

예컨대 처음 대면하는 고객에게 명함을 건네며 인사를 할 때 그냥 주고받는 게 아니라 "고객님, 여기 제 명함입니다"라고 말을 덧붙이는 식이다. 조금 약하다고 생각되면 다음처럼 스몰 메시지를 조금 더 추가할 수 있다.

"이번에 이 명함으로 바꾸고 나서 일이 잘 되더라고요. 이 명함을 받으신 우리 고객님도 일이 잘 풀리셨으면 좋겠습니다."

명함을 건네는 평범한 행위지만 이렇게 말을 덧붙이면 잠시 웃으면서 긴장도 풀고 좋은 인상을 줄 수 있다. 당일 날씨를 화제로 삼는 것도 좋다. 예를 들어 비가 부슬부슬 내리는데 고객이 매장에 들어선다.

"고객님, 어서 오세요. 비가 많이 오나 보네요. 우산 여기에 두시고요. 아고~ 어깨가 좀 젖었네요. 이거로 닦으세요."

그러면서 티슈나 수건을 건넨다.

내가 고객이라고 가정하고 위의 두 가지 상황에서 나의 반응은 어떨 것으로 생각되는가? 한 명은 내게 명함을 건네며 행운을 빌어주었고, 또 한 명은 옷이 젖었다며 티슈를 건넨다. 그때 내 반응은 일반적이라면 '네, 고맙습니다'의 정도가 아닐까?

스몰 메시지나 스몰 액션의 목표는 이처럼 '네'라는 긍정적 반응을 이끌어내는 데 있다. 이러한 이유로 '네'가 나오기 힘든 것은 스몰 메시지가 될 수 없다. '네'를 유도하는 건 그 자체로 호감을 이끌어내고 본론으로 넘어가기 위한 중요한 준비 과정이기도 하다. 만일 2~3번의 스몰 메시지를 통해 '네'를 여러 번 이끌어냈다면 '네'의 횟수만큼 고객은 신뢰할 준비가 된 것으로 볼 수 있다.

그럼, 어떤 게 '네'를 끌어낼 수 있을까? 좋은 힌트가 있다, 별

자리 운세나 타로점 등에서 작동하는 심리다. 재미 삼아 본 점인데 이상하게 잘 들어맞는 느낌이 들 때가 있다. 실제로 운세 풀이는 귀에 걸면 귀걸이, 코에 걸면 코걸이가 되는 보편적인 이야기들이다. 그런데도 마치 내 이야기 같다.

이처럼 보편적인 이야기를 자기 이야기라고 여기는 심리적 경향을 '바넘 효과Barnum effect', 혹은 '포러 효과Forer effect'라고 부른다. 이런 일은 보험이나 금융상품을 상담하는 자리에서도 관찰된다. 고객은 자신에게 꼭 맞는 맞춤 솔루션을 제공받는 것처럼 느끼는 경우가 있는데 실은 보편적인 문제에 대한 솔루션인 경우가 대부분이다.

여기서 힌트를 얻는다면 스몰 메시지는 보편적인 주제가 좋다. 날씨, 맛집, 교통, 좋아하는 TV프로, 지엽적인 업무 문제, 자동차 등이 가볍게 나누기 좋은 주제들이다. 만일 조금이라도 친밀감이 형성된 사이라면 가족 얘기나 개인적인 계획, 자문이나 조언을 구하는 주제로 확대하는 것도 나쁘지 않다. 다만 종교나 정치처럼 무겁고 예민한 주제는 피한다.

너무 기계적인 메시지 전달은 위험하다. 미리 준비하는 게 나쁜 건 아니다. 그러나 고객의 상황을 고려하지 않은 채 일방적으로 준비한 멘트를 날리는 건 바람직하지 않다. 예컨대 유아를 동반한 고객이 오면 날씨 이야기는 접는다.

"안녕하세요? 자녀분이신가 봐요? 아이가 너무 예쁘네요. 매장 내 에어컨 바람이 좀 센 것 같은데 괜찮으셔요? 온도 좀 높여드릴까요?"

그러면서 손을 들어 기온을 체크하는 몸짓이나 리모컨으로 온도를 조금 낮추는 동작을 취하면 좋다. 혹은 굿즈나 간식이 있다면 선물로 주는 것도 방법이다.

스몰 메시지는 물론 '네'를 기대하며 던지는 것이지만 경우에 따라 '아니요'가 나올 때도 있다. 만일 고객이 부정적 반응을 보이면 "언제든지 편하게 말씀해주세요"라고 말하며 잠시 물러선다. 절대로 좌절하거나 기죽을 일이 아니다. 단지 고객은 시간이 필요할 뿐이다. 여유를 갖고 기다리되 고객을 관찰하며 도울 타이밍을 다시 찾는다.

설령 부정적 반응을 보인 고객이더라도 스몰 메시지로 한 차례 얼굴을 익혔으므로 도움이 필요하다면 당신을 찾을 확률이 높다. 덜 낯설기 때문이다.

혹 말솜씨가 없어서, 너무 긴장되어서 부담스러운가? 그렇다면 스몰 메시지가 무엇인지 다시 생각해보기 바란다. 스몰 메시지란 본론이 아니다. 용건도 아니다. 책임을 질 필요도 없는 대화다. 녹취록으로 남길 만한 것도 아니고, 심오한 토론도 아니다. 빵빵 터트리는 재미가 없어도 된다. 촌철살인의 멘트가 될 필요는 전혀 없다. 상대방의 관심사가 뭔지 알아야 할 필요도 없다.

그저 문을 똑똑 두드리는 노크 정도로 생각하면 쉽다. 그래서 내가 생각한 것, 느낀 것을 과하지 않게 따뜻한 말투로 건네면 그만이다. 나의 작은 말 한마디, 작은 행동이 고객의 마음에 온기를 살짝 불어넣으면 그것으로 족하다.

거리에 따른 응대 방법

진심 어린 서비스는 시선에서부터

고객이 멀리서부터 다가오고 있을 때 어느 순간부터 알은 척을 하는 게 좋을까? 인류학자 에드워드 홀Edward T. Hall의 연구에 힌트가 있다. 그는 사람과 사람 사이에는 4가지의 심리적 거리가 있다고 밝혔다.

1. 한두 뼘 : 가족이나 사랑하는 사람에게 허용되는 친밀의 거리

2. 한 팔 내지 두 걸음 안쪽 : 친구나 가까운 사이인 개인 간의 유지해야 하는 개인적 거리

3. 2~3m : 사회생활같이 제3자에게 허용하는 사회적 거리

4. 3m 이상 : 청중과 연설자의 무대처럼 공적인 거리

이 가운데 1번과 2번은, 고객과 직원 사이에 형성될 수 있는 거리는 아니다. 그렇다면 3번과 4번일 텐데, 원칙적으로 보면 3번 거리에 있을 때 인사를 하는 게 가장 부담이 없다. 왜냐하면 고객이 그 정도 거리까지 내게 다가왔다는 말은 나를 사회적 거리 안에 허용하겠다는 의미이기 때문이다.

그런데 한 가지 딜레마가 있다. 아직 3번 거리까지 도달한 건 아니지만 뻔히 이쪽으로 다가오고 있고 눈까지 마주쳤다면 어떻게 할까? 아직 기다려야 할까?

이 문제를 해결하기 위해 어느 호텔에서는 '15스텝 5스텝 인사법'이라는 걸 마련해두고 있다. 예컨대 고객이 15발자국 가까이에 있을 때는 눈으로 인사하는 목례를 시행하고 5발걸음 이내로 가까워지면 그때 비로소 인사말과 함께 인사한다는 규정이다. 애플스토어 고객응대 매뉴얼에도 거리를 세분하여 인사하는 방법을 따로 두고 있다.

회사마다 조금씩 매뉴얼에 차이가 있으나 원칙은 동일하다. 사회적 거리까지 좁혀지지 않았더라도 눈이 마주치면 눈인사든 목례든 알은 척을 한다. 나아가 거리를 더 좁혀오면 그때 본격적으로 인사말과 함께 인사한다는 것이다.

4번에서 3번으로 다가올 때도 우리가 해야 할 게 있다. 눈인사 혹은 목례를 마쳤다고 바로 시선을 돌리는 게 아니고, 고객의 움직임을 조금 더 관찰하면서 미소도 짓고, 응대할 준비도 한다. 어떤 직원들은 고객이 다가와서 용건을 건네기까지 허리를 꼿꼿이 세우고 모른 척 서 있는 경우도 있다. 교육을 제대로 받은 서비스 직원이라면 이때 목을 앞으로 살짝 기울이는 제스처를 취한다. 이런 몸짓은 누가 봐도 '어서 오세요, 환영해요'라는 모습으로 보인다.

고객과 대화를 시작하는 동안에도 상체의 기울기에 변화를 주어 당신에게 관심이 있다, 당신이 하는 말에 귀를 기울일 준비가 되어 있다는 신호를 보낸다. 은행이나 병원에서 상담하는 모습을 봐도 의자 등받이에 등을 착 붙이고 차트나 컴퓨터를 응시하며 응대하는 직원이 있는 반면, 의자를 당겨 앉는 식으로 심리적 거리를 좁히며 친밀감을 높이는 직원들도 있다.

이런 몸짓에 더해 인사말도 중요한 요소가 된다. 예를 들면 '안녕하세요?'라고 의례적인 인사말만 던지고 바로 본론으로 들어가지 않는다. '미세먼지 너무 심하죠? 이쪽으로 빨리 들어오세요'나 '안녕하세요? 어서 오세요. 식사는 하셨어요?'처럼 인사말 외에 부담스럽지 않은 메시지까지 더하면 더욱 친근하고 특별한 기억을 남길 수 있다.

미소는 기본이겠다. 말은 참 친근한데 굳은 표정이면 곤란하지 않겠는가. 활기찬 얼굴로 미소를 짓는 건 직원 본인을 위해서도 좋다. 웃겨서 웃는 게 아니라 웃으니까 웃기다는 말이 있지 않은가. 고객을 발견하는 즉시 설령 고객이 아직 나를 보지 못했더라도 힘껏 미소를 짓고 준비하면 활기찬 얼굴로 고객을 맞이할 수 있다.

한 가지 덧붙이면, 미소란 입이 아닌 눈으로 웃는 웃음을 말한다. 심리적으로 입만 웃고 있는 얼굴은 거짓 미소처럼 보이는 경향이 있다. 그러므로 미소를 지을 때는 최대한 눈을 써서 웃어야 한다. 눈웃음이 어렵다면 양쪽 눈썹을 한 번 올렸다 내리는 표정 훈련을 해본다. 눈썹을 올렸다가 내리면서 생기는 변화는 마치 환한 표정을 짓는 것 같은 느낌을 준다.

대화가 시작되면 가급적 눈을 맞추는 게 기본 원칙이다. 그런데 대화 내내 눈을 빤히 쳐다보는 게 그렇게 쉬운 일은 아니다. 어떻게 할까?

영국의 사회심리학과 교수인 마이클 박사는 대화를 할 때 상대방을 응시하는 시간에 따라 호감 정도가 어떻게 달라지는지 연구했다. 전체 대화 시간 가운데 60~70%의 시간 동안 시선을 교환했을 때가 상대방의 호감을 가장 많이 얻는다는 결론에 도달했다. 계속 눈을 마주치고 있는 게 아니라 일정한 리듬을 타면서 잠시 시선을 거두었다 다시 시선을 두는 식이 좋다는 말이다.

그럼, 60~70%의 시선 교환은 어떤 식으로 하는 게 좋을까? 3등분으로 나누어 시선을 처리하는 게 좋아 보인다. 예를 들면 고객을 바라보다가 상품(혹은 관련 물건 등)으로 시선을 옮겼다가 다시 고객을 바라보는 식이다.

1. 고객 보기 : 고객님, (이런) 말씀이시죠?

2. 상품 보기 : 말씀해주신 내용을 아래 제가 체크해드린 부분을 보면

3. 고객 보기 : 자세하게 설명이 되어 있는데요. 중요한 부분을 요약해드리면 (이러저러) 되는 것입니다.

고객과 본격 대화를 하기 전에 우리가 할 수 있는 일들을 살펴보았다. 이런 스킬들의 핵심은 내 진심이 고객에게 전달되었는가 하는 점이다. 아무리 큰 목소리로 환영한다고 외쳐도 진심이 없다면 고객과 가까워지기 힘들다. 이때의 진심이란 고객이 지금 필요한 게 무엇인지 그 마음을 헤아리고, 도움이 되겠다는 생각으로 응대하는 것을 말한다.

그런 직원이라면 고객에게 방향을 안내할 때도 '요기, 조기, 저쪽'이라는 불분명한 단어로 안내하지 않고, "화장실 말씀이시죠? 고객님 위치에서 정면에 보이는 복도 끝에 있습니다"라고 복창과 함께 상대 입장에서 구체적으로 안내해줄 것이다.

목소리가 아니라 말투가
호감을 결정한다

희망사항을 이끌어내는 똑똑한 말투

고객센터에 전화를 걸면 가끔 너무 꾸며낸 말투로 응대하는 직원들이 있다. 한두 마디까지야 그러려니 하지만 인위적인 하이톤이 계속되면 나를 놀리는 게 아닌지 헷갈릴 때도 있다. 특히 불만이 있어서 언짢은 기분으로 전화를 걸었고, 성의 있는 답변을 기대했는데 상담원이 "네~ 네~ 그 부분 말씀이십니까?"라고 그 고유의 톤으로 답변하면 지금 내 말을 무시하는 거 아닌지의 느낌마저 들기도 한다.

실제로 우리는 종종 그런 의도는 아니겠지만 고객을 불쾌하게 만드는 말들을 쓸 때가 있다.

"어~ 이거 가격 좀 나가는데?" (무시)

"회원… 이세요?" (빈정)

"그렇게 하시면 안돼요." (강압)

"잠시만요! 제가 먼저 말씀드릴게요!" (무성의)

"뭔가 잘못 알고 계신 거 같은데" (부정)

고객 입장에서 보면 이만큼 거부감이 드는 말들도 없겠다.

그럼 어떻게 해야 호감을 끌어낼 수 있을까? 이미 우리는 답을 알고 있다. 수많은 고객을 만나면서 어떤 고객에게 호감을 느꼈는지 이미 경험적으로 알고 있다. 예를 들어 다음과 같이 A와 B 고객이 있을 때 우리는 누구를 더 돕고 싶을까?

A 고객 : 이거 맘에 안 드니까 당장 취소하고 환불해줘요.

B 고객 : 제가 생각했던 거랑 다른 것 같은데 다른 도움을 받을 수 있는 방법이 있을까요?

누구라도 B 고객을 더 돕고 싶다고 생각할 것 같다. 왜? 일단 B 고객은 우리를 무시하지 않는다. '당신은 나를 서브할 의무가 있고, 나는 이렇게 화를 내도 괜찮아'라는 갑질 마인드가 전혀 없다. 환불이나 환품의 권리를 전면에 내세우지 않고, 부탁하는 자세를 취한다. 이렇게 우리를 하나의 인격체로 바라보면서 '대화'를 하려고 하는데 당연히 누구라도 돕고 싶은 마음이 드는 게 인지상정이다.

여기서 우리는 호감을 부르는 하나의 원칙을 꺼낼 수 있다. 고객을 인정하는 것이다.

고객을 인정한다는 건 어떤 의미일까? 얼마 전 일이다. 백화점 와인숍에 빅세일이 열렸다. 최상의 가성비 득템을 하겠다는 일념으로 저렴한 A 와인 한 병을 들고 뚫어져라 보고 있던 순간, 점원이 다가와서 말을 건다.

점원 : A 와인 좋아하세요?
필자 : 네, A 와인 자주 마셔요.
점원 : A 와인도 좋지만 세일도 많이 해드리니까 이번 기회에 B 와인도 드셔보세요.

B 와인은 A보다 비쌌다. 순간 드는 생각은 '영업하는구나'였다. 동시에 내 손에 들려 있는 A 와인이 싸구려 취급을 당하는 묘한 기분에 휩싸였다. 이 점원의 대화는 무엇이 문제일까? 다음 대하

와 비교해보자.

점원 : A 와인 좋아하세요?

필자 : 네, A 와인 자주 마셔요.

점원 : A 와인 저도 좋아해요. 가벼워서 즐겨 마시기 좋더라고요.
그렇죠?

필자 : 네.

점원 : A 와인도 좋고요. 그래서 제 생각에는 A 와인 취향이신 분들
이 B 와인도 선호하시더라고요. B 와인 드셔보셨어요? 이번에 특

별 이벤트로 B 와인 세일을 하고 있거든요.

달라진 대화에서 점원은 내 취향, 내 선택에 대해서 공감한다는 취지의 말을 덧붙인다. 이게 고객을 인정해주는 방법이다. 만일 대화가 이런 식으로 흘렀다면 어쩌면 나는 A도 사고 B도 샀을지 모른다. 그러나 이 점원은 A 와인을 들고 있는 내 손이 무색해지도록 만들면서 내 기분을 잡치고 말았다.

사람은 자기 선택이나 의견을 인정해주는 사람에게 상대적으로 마음을 잘 연다. 만일 우리가 고객과 친해지고 싶다면 이런 심리를 잘 활용하여 내가 고객의 생각을 존중하고 있다는 점을 적극 알려야 한다.

인정을 하려면 어떻게 할까? 가장 쉽게 할 수 있는 건 고객의 의견에 동의하는 것이다.

"고객님 말씀이 일리가 있어요. 저라도 그렇게 이해할 수 있을 것 같아요."

그러나 모든 의견에 다 동의가 되지 않을 수도 있다. 그럴 때는 고객의 의견에서 장점을 찾아보자.

"저희가 생각하지 못한 부분을 찾아 귀한 시간 내어 말씀해주셔서 감사해요."

이는 고객이 다른 관점에서 문제를 바라본 덕분에 우리가 새로운 걸 알게 되었다는 의미겠다. 또는 쉽게 이해할 수 있도록 설명을 깔끔하게 해준 것도 칭찬 혹은 장점을 찾는 응대가 된다.

그럼, 인정만 하면 대화가 끝일까? 아니다. 문제해결이 남았다. 대부분의 경우, 고객의 문제 제기 혹은 의견은 고객이 원하는 결과로 이어지지 않을 가능성이 크다. 특히 직원으로서 고객을 설득하거나 회사의 방침을 납득시켜야 하는 경우가 많은데 이럴 때 대화를 어떻게 이어가야 할까? 그냥 '고객님의 말은 인정하지만 그렇게는 힘들겠습니다'라고 말아야 할까? 아니다. 이때도 좋은 대화법이 있다.

고객에게 말할 수 있는 기회를 제공한다. 물론 '말해보세요'라고 하면 곤란하고 다음처럼 도움을 청하는 방식이면 충분히 괜찮아 보인다.

"고객님, 제가 이해할 수 있게 도와주세요."

그러나 이보다 더 좋은 방법이 있다. 고객에게 질문을 던져서 답변을 유도하는 방식이다. 고객의 생각을 보다 뚜렷이 이해하고 나의 견해를 이해시키기 위해서 이렇게 질문을 던지는 것이 좋다. 질문은 보통 두 가지 형식이 있다.

개방형 질문 : 특정 답변으로 유도하는 것이 아니라 고객의 희망사항을 알기 위해 묻는 질문으로, '어떻게'나 '무엇'을 묻는다.

예시

"고객님께서 말씀해주신 문제들 중에 어떤 것이 가장 먼저 처리되어야 한다고 생각하세요?"

"고객님, 저희가 최대한 고객님 입장에서 처리해드리기 위해 무엇을 도와드리면 좋을까요?"

선택형 질문 : 2개 이상의 대안을 제공하여 고객이 결정을 내리도록 기회를 제공한다.

예시

"A와 B 안으로 저희가 해드릴 수 있을 것 같은데 어떠신지요? 아니면 혹시 생각하신 다른 것이 있으실까요?"

선택형 질문은 고객의 자율성을 존중하는 것으로, 일상에서도 매우 효과가 높은 질문법이다. 하나의 대안이 있을 때보다 최소 둘 이상의 대안이 있을 때 사람은 '내가 존중받고 있다', '내가 선택의 주체다'라는 느낌을 더 받는다(그렇다고 선택지가 너무 많은 것도 곤란하다).

역접 말고 순접으로

A : 박 강사는 목소리가 좋아. 그리고 목소리가 커.

B : 박 강사는 목소리가 좋아. 그런데 목소리가 커.

위 두 문장에서 달라진 건 딱 한 단어다. '그리고'와 '그런데'. 그런데 이 한 단어 차이로 메시지가 정반대로 해석된다. 역접과 순접의 차이다. A의 말은 그저 나열 정도로 보인다. 반면 B의 말은 뒤의 말이 앞의 내용을 잡아먹는다. 응, 결국 목소리가 커서 듣기 싫다는 얘기구나! 우리도 혹시 고객과 만나면서 무의식중에 역접을 남발하는 건 아닐까? 이 문제는 단순히 역접 접속사를 쓰지 말라는 의미뿐 아니고, 말의 형태가 역접 형태가 되는 것도 포함한다.

역접 : 아, 고객님, A라고 알고 계셨어요? 그게 아니라 B 방법으로 신청하셔야 해요.

순접 : 아, 고객님, A라고 알고 계셨어요? 여기서 B로 신청 도와드려도 괜찮을까요?

역접의 예시 문장에서 거슬리는 단어가 무엇인가? '그게 아니라'다. 이 말을 빼고 대신 '여기서'라는 말로 바꾼 게 순접 예시 문장인데 이렇게만 해도 듣기가 한결 수월해진다.

한편 문맥상 분명 역접을 써야 할 것 같더라도 순접을 쓰는 게 요령이다.

역접 : 원영 씨는 이런 점이 참 좋아. 그런데 이런 건 좀 고쳐.
순접 : 원영 씨는 이런 점이 참 좋아. 그래서 이런 부분도 같이 신경써 주면 좋겠어.

역접은 원래의 의도와 달리 언제든 오해를 불러올 수 있다. 따라서 고객에게 의견을 낼 때는 '하지만, 그렇지만, 그러나' 같은 역접 접속사나 부정 형태의 단어는 피한다. 대신 **'그리고, 저도, 여기에, 그래서, 덧붙여서, 또 하나 중요한 것은, 제가 더 드릴 수 있는 말씀은'**과 같이 부정적 뉘앙스가 없는 형태로 바꾸어보자.

고객이 다가올 때까지
기다리고 또 기다린다

'친해지기'의 핵심 가운데 하나는 기다리기다. 벼가 늦게 자란 다고 논에 가서 벼를 쭉 잡아당겼더니 잘 자라기는커녕 다 말라 죽었다는 '조장助長'이라는 고사를 기억하자. 우리가 할 일은 '반쯤 고객'이 빨리 '완전한 고객'이 되지 않는다고 조바심을 내는 게 아니라 스스로 완전한 고객이 될 때까지 물 주고 보살피며 기다리는 일이다. 다음 4가지가 이번 장 '친해지기'를 위해 마지막으로 조언할 내용이다.

❶ ─∘ 대화를 주도하지 않는다

고객의 문의를 누구보다 빨리 처리해주고 싶은가? 그래서 몇

마디 듣지도 않고, 뭐가 문제인지 곧장 알아차려 "이거 말씀이시죠?"라고 말하며 고객의 말을 끊는가?

그런데 문제해결이란 단순히 A를 원하는 고객에게 A를 쥐어주는 것을 의미하는 게 아니다. A를 쥐어주는 과정에서 고객과 신뢰관계를 맺는 과정이며, 동시에 그 과정에서 고객의 숨은 욕구까지 발견하고 처리하는 과정이다. 고객들은 단지 고객이 스스로 표현한 것을 넘어 고객의 상황, 감정까지 헤아려준 점원을 '나를 아는 사람'으로 여겨 마음의 문을 열고, 숨은 메시지까지 기꺼이 전달한다.

그래서 인간관계를 잘 맺는 사람들은 공통적으로 열린 귀를 가지고 있다. 고객의 마음을 사는 게 우선임을 잘 알기 때문이다. 그러면 어떻게 말할까?

"고객님, 제가 원만한 해결방안을 찾기 위해서 고객님의 의견을 꼼꼼히 체크하고 싶어요."

"고객님, 말씀 중에 ○○이라고 하셨는데 조금 더 자세히 설명해주실 수 있으시겠어요?"

이처럼 고객이 보다 말을 더 많이 할 수 있도록 기회와 발언권을 제공하자. 고객이 말을 할 때는 눈을 맞추고 고개를 끄덕이는 등 '제가 지금 듣고 있어요'라는 느낌을 전달하는 게 좋다.

❷—○ 업무에 구분을 두지 않는다

"고객님, 말씀하신 내용은 제 담당이 아니라서요."

직장 내부의 업무 분장 문제라면 다르겠지만 우리가 상대하는 사람은 회사 내부인이 아니라 고객이다. 고객은 절대 '이건 제품의 하자니까 AS 파트 일이고, 이건 판매점의 약속불이행이니까 영업파트 일이네'와 같이 구분하지 않는다. 그런데도 간혹 문제가 생겨서 문의를 하면 "그건 저희한테 말씀하시면 안 되고요. 구매하신 영업사원 분께 연락해보셔야 할 것 같아요"라고 말하며 책임을 서로 떠넘기는 경우들이 있다.

처리부서가 달라도 브랜드가 같다면 창구가 하나여야 하는데 여러 창구를 두드리게 되면 고객의 인내심은 금세 바닥이 나고 만다. 고객의 이런 입장을 헤아린다면 내 소관이 아니더라도 최소한 상호 연결성 있는 응대가 필요하다. 무엇보다 업무 전체에 대한 이해와 바른 연결성이 느껴져야 한다.

"말씀해주신 건에 대해서는 ○○부서로 연락해주시면 보다 자세하게 안내받으실 수 있습니다. 확인해보니까 ○○영업사원 분이 담당자셨네요. 해당 건에 대해서는 담당 직원에게 메시지 전달해놓겠습니다"라고 말하며 업무 분장과 상관없이 고객의 입장에서 생각하는 변화가 필요하다. 도움을 주려는 노력, 직원 간의 커뮤니케이션, 전화 자동 연결 같은 기본적인 사항과 고객 상담 이력 관리, 고객관리 프로그램 같은 시스템 개선도 함께 필요하다.

❸—ㅇ 고객을 단정 짓지 않는다

이기적인 고객, 자기주장만 하는 고객이 가장 힘들 것 같다. 말이 너무 안 통해서 나중에는 대꾸조차 싫어지기도 한다. 이때 우리에게 필요한 마인드가 있다. 고객을 단정 짓지 않는 것이다. 대개 특정 행동을 하는 고객을 특정 부류의 고객 유형으로 여기고 그 기억에 따라 대응하는 경향이 있다. 특히 경력이 풍부한 직원들이 이런 경향이 더 강한 것 같다.

"이런 행동을 하는 사람들은 대부분 이래."

"이렇게 말하는 사람은 일반적으로 이렇지."

고객경험이 많다보니 어떤 유형인지 금방 보인다. 문제해결책도 이미 다 갖고 있다. 이건 무조건 이렇고, 저건 무조건 저렇다. 왜 그렇게 확신하느냐고? 경험해보니까 그렇다.

가장 힘든 고객은 이기적이고, 자기주장이 강한 고객이다 물론 틀린 말이 아니다. 그러나 이때도 우리는 '저 고객이 문제야'라고 생각하기보다는 '고객에게 문제가 생겼다'라고 받아들이고 응대해야 한다. '저 인간이 왜 진상을 떠나?', '고객 잘못이네'라고 단정하면 감정적 대응밖에 되지 않는다. 반면 '저 고객에게 어떤 문제가 생긴 걸까?'로 문제를 바라보면 보다 이성적 대응이 가능하다.

④─○ 부정적인 기억을 남기지 않는다

긍정적인 기억 혹은 부정적인 기억은 어떻게 만들어질까? 동일 상황에 대한 감정이 사람마다 제각각이듯 기억 역시 천차만별이다. 사람의 기억은 개개인의 가치관과 관심사, 경험에 따라 다양한 스펙트럼을 갖는다. 예를 들면 '그 호텔 직원은 참 깔끔한 헤어스타일이었어', '그 식당은 테라스가 참 멋졌어', '이동 중에 길이 너무 많이 막혔어'와 같이 사람이 기억하는 포인트는 다 다르다.

이런 개별적인 기억 포인트가 서비스 전체에 대한 평가를 대신하는 경우가 흔하다. 만약 고객이 모래알처럼 깔끄러운 기억을 갖게 된다면 어떨까? 비록 전체 경험 가운데 1%에도 못 미치는 부정적인 경험이더라도 이를 긍정기억으로 전환하기란 진짜 힘들다.

보통 이를 위해 고객관리 차원에서 명절 인사나 생일 메시지를 보내기도 하는데 이런 이벤트는 더 이상 고객들에게 특별한 기억을 만들어주지 못한다. 그래서 고객관리를 잘하는 사람들은 조금 더 세밀한 특별함을 표현해 고객에게 긍정기억을 남긴다. 즉, 예상하지 못했던 좋은 경험을 준다.

예컨대 고객관리 문자를 보낼 때도 '고객님, 저를 믿고 함께 하신지 100일이 되었습니다. 감사한 마음을 담아 기분 좋게 디저트 드시라고 백설기와 정통차 음료디저트 쿠폰 함께 보내드려요'와 같이 고객과 나 사이를 연결하는 지점을 만들면 좋다. 고객과 나눈 대화에서 있었던 특별한 순간을 기억하고 체크해두었다가 연락하기도 하며, '제가 진급을 해서 새로 판 첫 명함을 고객님께 드리게 되었네요'처럼 특별한 의미를 부여한다면 쉽게 긍정기억을 남길 수 있다.

그러면 그저 스쳐갈 일도 새록새록 기억하게 되면서 부정적 기억이 긍정적 기억으로 바뀌게 된다. 'End'가 아닌 'And'의 관계가 만들어지는 것이다.

Part 3

고객의 마음에 노크하는 방법

- 휴먼 터치 제2법칙, 질문하기

Human Touch

"답을 내놓으라고 강요할 바에는 차라리 좋은 질문을 던져라."

– 피터 드러커(Peter Ferdinand Drucker)

고객을 내 편으로 만드는 가장 좋은 대화 스킬은 유창한 언변에 있지 않다. 마음의 방어막을 허무는 '질문'이 핵심이다. 문제해결도 마찬가지로 똑똑한 질문에 답이 있다.

기대하지 않았던 서비스가
고객을 감동시킨다

드러난 요구 속 숨겨진 니즈 찾기

국제선 승무원으로 재직할 때다. 탑승객 중에는 땅콩을 찾는 분들이 종종 있었다.

"땅콩 좀 더 주세요."

그럴 때마다 나는 땅콩을 들고 가서 이렇게 말씀드렸다.

"제가 더 넉넉히 챙겨드렸어야 하는데 죄송해요. 이번엔 제가 넉넉히 가져왔어요. 맛있게 드세요."

그리곤 옆자리 승객에게도 '음료나 땅콩 좀 가져다 드릴까요?'라고 묻고 더 챙겨드렸다. 그런 날은 비행기에서 내리는 고객 가운데 고마움을 표시하는 분들이 많았던 것으로 기억한다.

그런데 진짜 만족해서 하는 인사말이었을까, 아니면 그저 내 착각이었을까?

고객을 응대하는 사람이라면 고객의 만족 여부가 관심사겠다. 그리고 고객응대의 경험이 많은 사람이라면 고객이 표현하는 말을 듣기만 해도 진짜 만족했는지 단순히 인사치레로 하는 말인지 구분할 수 있다. 어떻게 다른 걸까?

진짜 만족에 이른 고객은 단순 감사의 표현을 넘은 정서적 표현을 담는다. 예컨대 이런 식이다.

"진짜 고마워요. 아가씨."

"너무 감사합니다."

'진짜'나 '너무'처럼 자기 말이 진심임을 강조하는 부사어를 쓸 때, 특히 그 부사어를 발음할 때 힘을 주거나 전반적인 뉘앙스가 받쳐주면 그건 만족했다는 뜻으로 읽을 수 있다(일부러 속이려고 하거나 비아냥거리는 게 아니라면).

때로는 고마움을 넘어 폐를 끼쳤다, 미안해서 어쩌나 하는 뉘앙스를 풍기는 경우도 있다.

"아휴, 감사합니다."

정말 애써주셨다는 고마움이 그대로 전달되지 않는가?

승무원 재직 시절, 땅콩 회항이 아닌 땅콩 감사로 인사를 받을 때도 주로 들었던 말들은 대개 이랬다.

"너무 고마웠어요."

"이렇게 친절한 분 처음 봐요."

진짜임을 직감할 수 있는 말들이다. 어쩌면 표현된 말보다 그 뉘앙스에 진심이 있는 건지도 모른다.

영화 〈그는 당신에게 반하지 않았다He's Just Not That Into You〉에 등장하는 대사다.

"남자는 좋아하는 여자를 헷갈리게 하지 않는다."

무릎을 치며 공감했다. 고객도 마찬가지다. 진짜 만족감에 이른 고객은 그에 걸맞은 시그널을 보낸다. 그 시그널은 우리를 기쁘게 만들고, 우리의 존재 이유가 되며, 또 재방문의 근거가 된다.

물론 만족한 모든 고객이 감사를 '표현'하는 건 아니다. 그럴 때 우리는 재방문을 통해 고객의 만족 여부를 짐작할 수 있다. 따라서 매장 내방객의 재방문율을 체크하지 않는다면 제대로 된 고객관리라고 보기 어렵다. 재방문 주기는 어떻게 설정하는 게 좋을까?

업종마다 방문주기는 다르지만 아무리 길어도 최대 3개월 이

내로 잡는 게 좋겠다. 3개월을 넘어서 다시 찾은 고객이라면 '재방문'이라기보다는 첫 방문으로 보고 응대하자(계절을 타는 업종, 예컨대 캠프장처럼 추운 계절에는 손님이 끊겨서 주기가 길어지는 업종도 있다. 업종에 맞게 주기를 설정하여 체크한다). 만일 재방문율이 지속적으로 하락하거나 정체되어 있다면 고객관리에 문제가 있다는 신호로 읽어도 무방하다.

한편 재방문 자체가 '만족'의 의미가 아닐 수 있음도 기억해야 한다. 마땅한 대안을 찾지 못했거나 혹은 다른 서비스로 갈아타기 귀찮아서 다시 찾은 것일 수도 있다. 따라서 고객의 재방문율이 목표치를 넘었다 하더라도 추가적인 서비스 개선이 필요 없다고 여기지 말고 지속적인 관계맺음을 통해 혹여나 어떤 불만이 있는 건 아닌지 체크하고 반영하자.

불평불만이 많은 고객은 어떨까? 그들의 불평을 듣다보면 '아, 다음에는 오지 않겠구나'라는 생각이 드는가? 그런데 다시 찾지 않을 고객들은 원래 말이 없다. 반면 불만을 표출하는 고객들은 오히려 다시 찾고 싶어 하는 고객일 가능성이 크다. 이런 생각이다.

'이것만 달라지면 나는 계속 이곳에서 함께하고 싶은데.'

연인끼리 불만을 늘어놓는 걸 생각해보자. 애정과 기대가 있을 때는 "자기야, 나 이런 거 속상해", "자기야, 나 이거 해줬으면 좋겠어"라고 뭔가를 요구하지만 개선의 여지가 없다고 느끼면 묵묵히 이별을 준비한다.

불만을 표출한 고객은 자신이 제기한 문제가 개선되었을 때 만족에 이른다. 고객의 소리를 듣고 반영해야 하는 이유다. 나아가 문제 해결 과정을 지속적으로 피드백하는 것도 중요하다. 지금 어떤 대안을 고민 중인지, 어떻게 개선할 예정인지 말이다. 접수만 받고 끝이 아니라 진행 과정을 알리고, 나중에 서비스 개선이 이루어지면 결과물을 고객에게 공유한다.

"고객님, 지난번에 저희에게 조언해주신 덕분에 저희가 시스템을 이렇게 변경하게 되었습니다. 다시 한번 감사드립니다"라고 말하면 좋다.

손에 쥐는 결과물과 이 한 통의 전화로 고객은 기업 개선에 참여하게 되고, 이러한 개선의 경험은 우리에 대한 애정과 관심으로 이어진다.

아 참, 못다 한 땅콩 승객 이야기가 있다. 그런 날은 감사 인사를 많이 받는다고 했는데 과연 어떤 고객이 내게 인사를 표현했을까? 땅콩을 추가 요청했던 승객이었을까, 아니면 옆자리 승객

이었을까?

　뜻밖에도 대부분 옆자리 고객들이었다. 왜? 기대한 서비스가
아니었기 때문이다. 고객의 이야기를 듣고 서비스를 제공하는 건
누구나 할 수 있다. 그러나 기대치 않았던 깜짝 서비스는 기대치
못한 감동을 안겨준다. 심지어 그들은 며칠 뒤 인터넷을 통해 칭
찬의 글을 게시하기도 했다. 누가 시킨 것도 아닌데 말이다.

고객이 충분히 말할 수 있도록 질문하는 방법

고객의 말을 들으려면 '포리질문법'으로

유능한 서비스 직원은 말을 잘하는 직원일까, 말을 잘 듣는 직원일까? 만일 문제가 해결되기를 바란다면 입을 닫고 귀를 여는 게 현명한 대응책이다.

고객의 불만이나 문제 제기는 대개 뜻하지 않은 상황에서 발생하기 마련이다. 직원 입장에서는 얼마든지 당황할 수 있는데 그래서인지 말이 많아진다.

"잠시만요. 제가 먼저 말씀드릴게요."

아마도 고객을 설득하려는 생각인 것 같은데 그렇게 해서 원하는 결과를 얻는다면 좋겠지만 도리어 고객을 멀어지게 만드는 경우가 흔하다.

고객에게 지금 필요한 건 고객의 생각을 인정해주고, 고객이 의견을 말할 수 있도록 기회를 제공하는 것이다. 어떻게 할까? 힌트가 될 만한 방법이 있다.

〈4RE(포리)질문법〉

① replay 리플레이
② reaction 리액션
③ remind 리마인드
④ recheck 리체크

이 질문법은 4가지 'Re'로 이루어졌다. 그래서 '포리질문법'이라고 이름을 붙였다. 하나씩 살펴보자.

❶ replay 리플레이

고객의 말을 다시 한 번 반복해서 이야기하는 것.

"고객님, (이런 것) 말씀이시죠?"

"네, (이런 것) 맞으십니까?"

❷ reaction 리액션

상황이나 감정에 대해 반응하는 것.

"어머나, 세상에 그런 일이 있으셨던 거예요? 아휴, 속상하셨죠."

❸ remind 리마인드

고객의 말을 끝까지 듣고 요약하는 것.

"말씀해주신 내용을 요약해보면 (이런 것)이었다는 말씀이시죠?"

"고객님, 제가 이해한 바로는 (이런 것)이라고 이해했는데 맞을까요?"

❹ recheck 리체크

애매한 기준이나 정보 또는 추가사항을 다시 한 번 확인하는 것.

"(이러저러)해서 (이러하다)고 말씀하셨는데 말씀하신 방금이란 시간대가 언제였는지 자세히 알 수 있을까요?"

"제게 더 추가적으로 말씀하실 내용 있을까요?"

"고객님께 최대한 도움을 드리고 싶은데 생각하신 다른 방안이 있으시면 편하게 말씀해주시겠어요?"

4RE(포리)질문을 보면 알 것 같다. 여기에는 직원이나 회사의

의견은 없다. 고객에게 더 말을 하도록 자리를 깔아주는 게 전부다. 왜 이런 과정을 거치는 걸까? 하소연이든 불만이든 뭔가 표현 의사가 있는 사람에게 충분한 시간을 제공하여 자기 생각을 드러낼 기회를 주면, 대개 그 사람은 이런 느낌을 갖게 된다.

'그래도 내 상황이나 내 말을 다 듣고 최대한 도움을 주려고 노력하는구나.'

내 말을 들어주려고 노력한다. 내 문제제기에 관심을 갖고 있다. 이런 느낌을 갖도록 하면 반은 온 셈이다. 그런 이유로 질문을 던진다. 그리고 어쩌면 더 중요한 또 한 가지 이유가 있다. 이런 질문과 답변 과정에서 직원은 자신의 인식 범주를 넓히는 경험을 할 수도 있고, 고객은 자신이 무의식중에 느끼고 있는 불만을 의식적으로 인식하고 표현하는 과정이 될 수 있다.

고객은 계속 변한다. 3일 만에 처리를 받고 좋아하던 고객들이 어느새 당일 처리를 원하고 이제는 바로 즉시 서비스를 원한다. 고객의 만족감은 기대에서부터 시작하는데 고객의 사전 경험이나 기대는 다 다르다. 어제와 같은 서비스로는 더 이상 오늘의 고객을 만족시킬 수 없다.

그래서 우리는 고객의 기대가 어떻게 달라졌는지, 달라지고 있는지 확인하는 과정을 거쳐야 한다. 고객이 지금 원하는 것, 이 순간 고객의 기대치, 이 고객의 사전 경험 내용까지 물음표를 갖고 고객의 심리 변화 여부를 면밀히 추적해야 한다. 열 길 물속은 알아도 사람 속은 모른다고 속담은 누구이 강조하고 있다. 우리는 고객의 겉모습이나 어제 모습 그대로만 기억하고 '이 고객은 이런 유형일 거야'라고 속단하는 등 자기만 아는 소설을 쓰고 있지는 않은가?

현장에서 고객에게 질문을 하지 못하는 이유를 들어보면 이런 답변이 돌아온다.

"대화의 주도권을 빼앗겨서 제대로 세일즈를 하지 못할 것 같다."

착각이다. 고객과의 소통이란 말을 많이 하라는 뜻이 아니다. 고객이 말을 하도록 통찰력 있는 질문을 던져서 속마음을 유도해내거나 고객의 말 속에 숨은 메시지를 읽어내라는 의미다. 고객이 자신의 상황이나 니즈를 충분히 말할 수 있는 기회를 주자. 설득은 그 다음이다.

고객이 표현하지 않은
마음의 소리까지 듣고 답하기

'인정'과 '경청'의 콜라보

사람들과 대화할 때 우리는 정말 잘 들을까? 대화가 이어지고 있다면 어쨌든 듣고 있는 게 맞는 것 같다. 그런데 실제 행동을 보면 우리가 하는 건 '듣기'가 아니다. 대부분은 상대가 말을 하는 동안 다음 말을 하기 위해 기다리거나 다음 말할 거리를 생각한다. 혹은 상대의 말을 들으며 옳고 그름을 가리거나 해결책을 제시하려고 한다. 듣기의 형태를 띠고 있기는 하지만 우리가 '듣기란 이것이다'라고 할 때의 그런 듣기는 분명 아니다.

'듣기'에는 최소한 두 가지의 듣기가 있다. 히어링hearing과 리스닝listening이다.

히어링은 들리면 듣는 수동적 듣기다. 깊게 생각하지 않고 쉽게 판단하기 때문에 오해의 여지가 생긴다. 상대방에 대한 관심의 크기에 따라 히어링은 다시 두 가지로 구분할 수 있다. '배우자의 히어링'과 '수동적 히어링'이다.

배우자의 히어링이란 무관심한 듣기다. 특히 상대방에게 집중하지 않을 때 자주 발생한다. 10년 차 부부가 오랜만에 쇼핑을 나왔다. 아내가 빨간색 옷과 파란색 옷을 들고 와서 남편에게 묻는다.

부인 : 여보, 여보! 빨간색이 나아, 파란색이 나아?

남편 : (고개를 돌려 먼 곳을 바라보며) 아무거나 입어. / 빨리 그냥 사.

네가 무슨 말을 하는지 나는 관심 없다는 태도를 보이는 게 대표적인 배우자의 히어링이다. 귀에 소리가 닿기는 했는데 무슨 소리인지 관심이 없다. 그래서 상대방의 말을 자른다. 이런 듣기는 대화를 단절시키고 심지어 상대에게 상처를 준다. 부부관계뿐 아니라 자녀와의 관계, 친구관계, 직장 동료 사이에서도 자주 관찰된다.

수동적 히어링은 말을 자르지는 않는다. 그러나 상대방이 부는 것에 별로 관심이 없다. 그래서 건성으로 답한다.

> 부인 : 여보, 여보! 빨간색이 나아, 파란색이 나아?
> 남편 : 응? 둘 다 좋네.

반면 리스닝은 집중해서 듣는 능동적 듣기다. 의미를 적극적으로 해석한다. 그러나 표현된 의미만 읽는 경우와, 표현되지 않은 속내까지 읽으려는 경우로 나뉜다. '적극적 리스닝'과 '맥락적 리스닝'이다.

적극적 리스닝은 리액션이 좋다. 상대의 얼굴을 바라보며 대화 내용에 따라 적절히 호응도 해준다.

> 부인 : 여보, 여보! 빨간색이 나아, 파란색이 나아?
> 남편 : 빨간색 예쁘네. 빨간색 하면 좋겠다. / 이야, 뭐 둘 다 예쁘긴 한데 난 파란색!

이 단계부터는 비로소 소통이 되는 것 같다. 하지만 적극적 리스닝에도 부족한 것이 있다. 표현된 질문에 대해서만 답변할 뿐 상대방의 숨은 의도나 감정에는 무관심하다.

이 부족한 걸 만회해주는 게 맥락적 리스닝이다. 이는 듣기의 최고 단계로 상대방의 의도뿐 아니라 감정, 느낌, 상황 등 전체적인 맥락을 최대한 고려하여 상대방의 숨은 욕구를 탐색한다.

부인 : 여보, 여보! 빨간색이 나아, 파란색이 나아?

남편 : 오랜만에 쇼핑 나와서 사고 싶은 게 참 많지? 자기는 빨간색 입으면 젊어 보이고 파란색 입으면 날씬해 보이네!

아주 섬세하고 자상한 남편의 대답이다. 이런 대답을 들은 부인은 "어머 자기야!"라고 말하며 감동하면서도 결국은 노란색

옷을 산다(맥락적 리스닝을 하는 남편이라면 '노란색 살 거면서 왜 물었어?' 라고 생각하며 삐치지 말기다).

맥락적 리스닝은 커뮤니케이션 전문가들이 '공감적 경청'이라고 부르는 것이기도 하다. 공감이란 단어는 동네 치킨집만큼이나 흔해졌지만 익숙해진 것에 비하면 여전히 공감 부족증은 만연하다.

예를 들면 "우리 아버지 요즘 편찮으셔서 고민이야"라고 속내를 꺼냈더니 위로한답시고 "그래도 너네 아버지는 살아 계시잖아. 힘내!"라고 하면서 "더 힘든 사람 있으니 참고 견뎌라"라는 식으로 말하는 사람이 있다. 솔루션을 준답시고 "그런 건 고민하고 있다고 해결되는 게 아니잖아. 병원에 모시고 가봐"라며 충고나 조언을 돌려주는 사람도 있다. 심지어 화제를 돌려서 "맞아, 네 이야기 들으니까 생각났는데 누구네 있잖아…"라고 말하면서 아예 딴 주제로 갈아타는 사람도 쉽게 만난다.

이런 건 누가 봐도 공감 부족증에 해당할 것 같다. 그런데 애매한 경우가 있다. 맞장구를 잘 치는 사람은 과연 잘 듣는 사람일까? 화제를 전환하거나 충고로 찬물을 끼얹는 경우보다야 낫겠지만 이 역시 공감은 아닌 것 같다. 피터 드러커 Peter Ferdinand Drucker는 말했다.

"의사소통에서 제일 중요한 것은 상대방이 말하지 않는 소리를 듣는 것."

리액션이 다소 약하더라도 화자가 처한 상황과 감정을 이해하고 존중하며 상대방이 말하지 않는 소리까지 들으려고 할 때 최고의 경청이 된다는 얘기다. 직장 동료가 도움을 청하는 상황을 가정해보자.

"죄송한데요, 이 부분 잘 모르겠어요. 이것 좀 알려주시겠어요?"

다음 답변 중에 공감 능력이 있는 사람의 답변은 무엇일까?

① "죄송해요, 제가 지금 바빠서. 다른 사람한테 물어보세요."

② "그건 이렇게 하시면 돼요."

③ "제가 해줄게요. 이건 이렇게 저건 저렇게 하시면 돼요."

④ "근무 시작한 지 얼마 되지 않아서 적응하기 힘드시죠? 저도 처음에는 예전 직장하고 프로세스가 달라서 힘들더라고요. 이건 다른 사람들도 많이 어려워하는 거니까 너무 염려치 마시고요. 인트라넷 들어가 보셨어요? 여기 샘플 양식들이 있어요. 같이 보시면서 하시면 수월하실 거예요. 저도 샘플을 많이 참조했어요. 또 어려운 거 있으면 같이 고민해봐요."

4번이 답이라는 걸 모르지 않을 것 같다. 그러나 고객과 만나는 현장에서 우리는 4번처럼 응대할 수 있을까? 공감해보자고 단단히 마음먹고 있다가도 막상 고객이 문제를 제기하거나 도저히 수용하기 힘든 요구를 할 때가 있다. 그럴 때는 어떻게 해야 할까? 공감을 하자니 나를 부정하는 것 같다.

그럴 때 필요한 게 중립적 자세다. 제3자 입장으로 빠르게 전환하여 일단 고객의 의견을 인정해야 한다. 그냥 속으로 인정하라는 게 아니고 이를 언어로 표현해야 한다. '인정 표현'을 해야 한다는 말이다. 인정 표현은 다음처럼 3가지가 있다(인정 표현 3C).

1. 이해(Comprehend) 표현하기

고객의 감정이나 상황을 이해하고 있다고 적극적으로 표현하는 것을 말한다.

"고객님, ○○이라고 말씀해주셨는데, 일리 있는 말씀입니다."

"고객님께서 그렇게 생각하시는 것을 충분히 이해합니다."

"아, 고객님, ○○이라고 알고 계셨어요? 그렇게 알고 계시는 분들이 많으시더라고요."

2. 공통점(Common Ground) 공유하기

내 경험이나 혹은 타인의 경험 가운데 고객 의견과 같은 점을 찾아서 공유하는 방법이다.

"저희 매니저님도 고객님께서 말씀하신 것과 같은 느낌을 받았다고 하시더라고요."

"저희 아버지도 ○○을 사용하셨는데 고객님과 같은 말씀해주셨어요."

"저도 이용할 때 고객님께서 말씀해주신 부분이 느껴지더라고요."

3. 찬사(Compliment) 보내기

고객의 의견에 대해 칭찬과 감사를 표현하는 방법이다.

"전문가가 아니면 잘 모르는 경우가 많은데 정확히 말씀해주셨네요."

"고객님, 너무 좋은 말씀을 주셨어요. 저희 단골 고객님께서도 처음에 그런 문제를 제기해주셨거든요."

"고객님, 이렇게 시간을 내서 말씀해주시는 게 쉽지 않으실 텐데 정말 감사합니다."

3가지를 모두 다 쓸 필요는 없다. 자신에게 맞는 방식으로 표현하면 된다. 어쩌면 중립적 자세를 먼저 취하고, 그 다음에 인정 표현을 하는 것이 순서라고 생각할 수도 있겠다. 그러나 반대로 억지로라도 인정 표현을 하면 중립적 자세를 취할 수 있는 숨통이 트이는 경우도 경험한다. 어떤 과정이 먼저인지보다는 이런 과정을 거쳐 비로소 맥락적 경청으로 가는 길이 열린다는 점이 더 중요하다. 맥락적 경청은 고객의 만족감을 결정짓는 중요한 요소가 된다.

적극적 경청도 나쁘지는 않지만 문제는 고객이다. 적극적 경청은 고객의 기대치 안에 있다. 이런 걸 바라고 이렇게 얘기했고, 직원이 딱 그만큼 들어준다. 고객은 원하는 걸 달성했다. 그러나 만족은 다르다. 고객의 뇌에는 아무런 특별한 기억이 새겨지지 않는다. '기대치 못한 서비스'가 아니기 때문이다.

그래서 필요한 게 맥락적 경청이다. 맥락적 경청이 될 때 고객은 '기대치 못한 좋은 기억'을 갖게 될 가능성이 커진다. 고객이 말하지 않은 번거로움까지 알아봐주었기 때문이다. 불편함을 감수하고 교환을 하러 다시 매장에 방문했는데 직원이 이렇게 응대한다면 뭔가 엉켜 있던 마음이 풀어지는 기분이지 않을까?

"다시 교환하러 오시는 데 많이 번거로우셨죠? 저희가 빠르게 교환 도와드리겠습니다. 혹시 교환 사유를 제가 여쭤 봐도 될까요? 바로 교환 도와드리고, 다른 필요하신 사항 있을까요? 다시 발걸음 해주셔서 너무 감사합니다"라고 말해보자. 앞서 말했듯이 고객의 불만과 거절을 '다른 선택 사항', '관심의 표시'라고 인식해야 하며, 더 나아가 맥락적 경청을 통해 기대치 못한 감동을 주어야만 한다. 이러한 순간을 대하는 직원의 휴먼 터치는 위기를 기회로 바꾸는 경쟁력이다. 사소한 말 한마디, 행동이 고객에게 감동을 주며 재방문 매장을 완성한다는 것을 명심하자.

공감 잘못하면
다 보상해야 한다는 잘못된 생각

'공감'은 감정을 달래주는 것

어느 기업에 강의 갔을 때다. '공감 표현이 필요하다'라는 내용을 설명하고 있었다. 한 교육 참여자가 손을 들고 "강사님, 공감 잘못했다가는 왕창 보상해주거나 내가 다 책임을 질 수 있어요. 그거 조심해야 돼요"라고 말했다.

강사가 현장도 모르고, '공감'이라는 그럴싸한 키워드만 갖고 듣기 좋은 말만 한다고 생각한 모양이다. 일리 있는 말이다. 고객이 '이거 문제 있어요, 이거 바꿔주세요'라고 요구했는데 무작정 '네'라고 답할 수는 없는 노릇이겠다.

그런데 공감이란 '네'라고 말하는 게 아니다. 이 교육 참여자는 아마도 공감과 동감을 혼동한 것 같다. 공감이란 고객의 요구를 그대로 들어주라는 말이 아니다. 그 상황에서 고객이 느꼈을 감정을 이해하라는 얘기다. 예를 들어보자. 직장 동료가 자리에 없는 사람 이야기를 꺼낸다.

"내가 지난번에 말한 그 여자 선배 있지? 또 지가 잘못하고 나한테 떠넘기더라. 하, 진짜 너무하지 않냐?"

이때 동감을 하는 사람은 이렇게 반응한다.

"그거 나쁜 사람이네. 아오! 열 받아."

반면 공감하는 사람은 이렇게 반응한다.

"그런 일 겪으면 진짜 너무 당황스럽고 답답하겠다. 그래서 어떻게 했어? 나였으면 정말 손이 덜덜 떨렸을 것 같아."

차이점이 느껴지는가? 동감은 상대의 판단을 그대로 수용하는 것이고(나도 그 선배가 문제라고 생각해), 공감은 상대의 판단이 아니라 감정을 같이 느끼는 것이다(네가 느끼는 감정 공감해). 공감은 상대의 판단에 대해서는 보류한다. '진짜 그 선배가 나쁜 사람인가? 그건 아직 모르겠어.'

또 다른 예를 들어보자. 친구가 애견 걱정에 눈물짓는다.

"우리 강아지가 나이가 들었는지 자꾸 허공에 짖고 기력이 없네. 나 너무 무섭고 힘들다."

동감하는 사람은 이렇게 반응한다.

"흑흑흑, 어떡해. 으헝, 마음 아파."

위로를 바랐는데 위로를 해주어야 할 판이다.

"나 그거 뭔지 알아. 우리 뽀미 때도 말이야."

갑자기 대화의 주인공이 바뀐다. 아니, 너네 뽀미 말고 우리 강아지 얘기라고.

반면 공감하는 사람은 어떻게 말할까?

"강아지가 아픈 모습을 지켜보기 많이 힘들지. 나였어도 너무너무 마음 아프고 힘들 것 같네. 얼른 나아야 할 텐데 가족들도 걱정 많겠다. 그래서 지금은 좀 어때?"

대화의 주인공이 전혀 바뀌지 않았고, 내용 역시 애견인의 감정에 집중되어 있다. 내 감정을 봐달라는 의미에서 꺼낸 대화였으니 이렇게 공감해준 사람에게 편안함을 느끼고 더 깊은 얘기까지 할 마음이 생기지 않겠는가.

우리의 현장으로 돌아와 보자. 오래 기다린 고객이 소리를 지르면서 반말을 한다. 동감을 하는 사람이라면 어떨까? '화가 났으니까 소리도 지르고 반말도 할 수 있다'라고 생각할 수 있다. 그렇게 생각을 한다면 낭비한 고객의 시간을 보상해주는 문제로

비화될 수 있다. 무엇보다 욕설이나 반말, 고함 등은 허용되어
서는 안 된다. 그런데 공감을 하는 사람이라면 감정을 이해받고
싶은 고객의 마음을 헤아릴 줄 안다. '많이 기다려서 화가 났겠
구나.'

　따로 연습하지 않아도 이런 공감이 잘되는 사람이 있는가 하면
아무리 해도 공감하는 마음이 잘 생기지 않는 사람도 있겠다. 어
떻게 할까? 다음처럼 3단계로 나누어서 조금씩 접근해보길 권한
다. 상황은 오래 기다려 화난 고객이다.

　"이렇게 사람을 오래 기다리게 해도 되는 겁니까!"

[1단계] : 입장 바꾸기

서양식으로 말하면 '신발을 바꿔 신는 것'이다. 고객이 서 있는 곳에 내가 서본다.

'남편하고 아이들하고 함께 즐겁게 식사하려고 왔는데 너무 오래 기다렸다. 애들이 칭얼거린다. 나도 배고파 죽겠다.'

[2단계] : 감정 이입하기

상상한 그 상황에서 느껴지는 감정을 떠올린다.

'짜증나겠다.', '답답하겠다.'

[3단계] : 표현하기

고객의 감정을 이해하고 존중하는 말을 표현한다.

"고객님, 가족분들과 즐겁게 식사하러 오셨는데 오랜 대기시간 때문에 많이 불편하고 답답하셨죠. 죄송합니다."

한 가지 예시를 더 보자. 이번에는 일처리 때문에 재방문한 고객의 컴플레인이다.

"바쁜 사람을 이렇게 오라 가라 하면 어떻게 합니까?"

[1단계] : 입장 바꾸기

일이 바빠 죽겠는데 점심시간에 짬을 내서 밥도 못 먹고 서류를 처리하러 왔다.

[2단계] : 감정 이입하기

'급하겠다.', '화나겠다.'

[3단계] : 표현하기

"고객님, 바쁘신데 급하게 오시느라 너무 고생 많으셨죠. 번거로우셨을 텐데 다시 와주셔서 감사합니다. 잠시만 뒤편에 마련된 의자에 편안히 앉아 기다려주시면 제가 최대한 빠르게 처리 도와드릴게요."

고객이 직원을 찾는 이유는 뭘까? 너무 오래 기다렸다, 빨리 처리해 달라는 그 의도 하나일까? 만일 그렇다고 생각한다면 여전히 동감에 머물러 있는 것이다.

고객은 이런 물리적 문제 외에도 감정적 문제까지 겪고 있다. 단순히 서비스 지연이나 제품 고장 등의 문제에 국한되는 게 아니고 이 문제를 겪은 나의 당황스러움, 어려움 등의 감정적 문제도 있다는 말이다. 이 고충도 해결을 요구하고 있는데 단지 물리적 문제만 바라보고 있으면 실제로 해결도 안 되고, 고객의 심리적 문제는 방치되고 만다.

　시선을 넓혀야 한다. 서비스에 불편을 느낀 고객의 컴플레인 속에는 문제해결을 바라는 마음과 내 감정을 이해받고 싶은 복합적인 마음이 존재하고 있음을 이해해야 한다. 이를 구분해서 볼 수 있을 때 공감이 왜 필요한지 이해할 수 있다.

내가 궁금한 게 아니라
상대가 관심 있어 하는 걸 물어라

성공적인 대화의 비결

"답을 내놓으라고 강요할 바에는 차라리 좋은 질문을 던져라."

명언 제조기 피터 드러커의 말이다. 고객을 내 편으로 만드는 가장 좋은 대화 스킬은 유창한 언변에 있지 않다. 마음의 방어막을 허무는 '질문'이 핵심이다. 문제해결도 마찬가지로 똑똑한 질문에 답이 있다.

이렇게 중요한 질문인데도 종종 저지르는 실수가 있다. 취조처럼 느껴지는 질문 방식이다. 마구잡이로 던지는 질문은 오히려 고객에게 부담을 주고 대화를 단절시킬 수 있다.

소개팅 상황을 가정하고 다음 두 종류의 대화를 살펴보자.

A 상황

남 : 쉬는 날 주로 어떤 걸 하세요?

여 : 저 요즘 서핑해요.

남 : 오! 어디에서요?

여 : 가까운 가평을 가기도 하고, 바다도 가고요.

남 : 언제부터 타셨어요?

여 : 얼마 안 됐어요. 작년부터 시작했어요.

남 : 언제 저도 같이 가요.

B 상황

남 : 쉬는 날 주로 어떤 걸 하세요?

여 : 저 요즘 서핑해요.

남 : 아, 서핑 재미있겠네요!

여 : 네, 배운 지 얼마 안 됐는데 작년에 잠깐 놀러가서 타게 됐는데
　　재미있더라고요. 기분 전환도 되고 너무 좋아요.

남 : 아, 작년부터 시작하신 거예요? 휴일에 기분전환을 할 수 있는
　　취미가 있는 건 참 좋은 것 같아요.

여 : 네, 작년부터 해서 잘은 못 타요.

남 : 잘 타는 게 중요한가요? 즐거우면 좋은 거죠. 그럼 주로 어디로

서핑을 가세요?

여 : 당일치기 땐 가평 같은 저수지 가고요. 1박 2일로 갈 때는 바다
로도 나가요. 제가 너무 신나서 제 이야기만 했네요. 누구 씨는
평상시 취미생활 어떤 거 하세요?

남 : 듣다 보니 서핑에 흥미가 생기고 좋은데요. 저는 주로 자전거를
타는데 이제 서핑도 시작해봐야겠어요.

자, 이 두 개의 대화 가운데 여자는 어떤 남자에게 더 호감을
느낄까? A 상황의 남자와 B 상황의 남자는 둘 다 주도적으로 질
문을 던지는 입장인데 느낌이 다르다. 왜 그럴까? A 상황의 남자
는 너무 질문만 한다. 마치 취조하는 것처럼 말이다. 답변을 요구
하는 질문이 이어지면 사람은 부담을 느끼게 마련이다.

어쩌면 A 상황의 남자는 본인이 대화를 잘 리드했다고 여길지 모른다. 하지만 대화의 호흡을 맞춘다는 건 이런 게 아니다. A 상황의 남자는 본인이 듣고 싶은 말만 물었다. 대화는 나누는데 소통이 되지 않는다고 느껴질 법하다. 반면 B 상황의 남자는 '**상대방이 관심을 갖고 있는 내용**'을 따라간다. 자기 페이스가 아닌 상대의 페이스에 맞춰서 대화를 끌고 간다.

질문을 잘하는 사람은 잘 기다려주고 그래서 잘 리드한다. 침묵을 못 견디고 질문 소나기를 퍼부어 오히려 상대방을 불편하게 하기보다는 고개를 끄덕이면서 한 번 더 상대의 말을 곱씹어 이야기한다든지 상대방이 다음 이야기를 꺼낼 수 있도록 여유를 가지고 기다린다.

그리고 상대의 언어 속에 담긴 감정을 읽으며 '즐거웠겠군요', '아쉬웠을 것 같아요'처럼 반응하면서 대화를 무르익게 만든다. 대화 도중에 드러난 상대방의 장점이나 잘한 일들을 칭찬하기도 한다. 상대는 대화가 더욱 즐거워진다.

물론 100% 상대방에게 맞춰가면서 대화를 할 수는 없겠다. 정말 궁금한 게 있다면 어떻게 할까? 그럴 때는 "말씀 중에 죄송하지만 ○○에 대해서 좀 여쭤봐도 될까요?"라고 양해를 구하고 묻는 게 자연스럽게 대화를 이어가는 요령이다.

닫힌 질문으로 시작해서
열린 질문으로 바꾼다

고객의 자기주도성을 이끌어 내려면

낯설다는 점에서, 고객과 만나는 순간도 소개팅과 다르지 않다. 아직 어색한 사이에서 던지는 질문은 자칫 역효과를 불러일으킬 수 있다. 첫 단추 질문이 잘못 던져지면 고객은 마음의 빗장을 걸어 잠글 수 있다. 그럼 어떻게 해야 할까? 앞의 내용을 떠올린다면 답이 멀지 않다. 가벼운 질문으로 시작해서 본론으로 들어가는 방식이다.

고객에게 처음 질문을 할 때는 부담스럽지 않은 닫힌 질문 closed question이 좋다.

닫힌 질문은 '예'와 '아니오'처럼 답안이 정해져 있는 질문을

의미한다. 대개 '~했나요?', '~할 수 있나요?', '~인가요?' 형태로
묻게 되며 답변하기 어렵지 않은 질문이어야 한다.

닫힌 질문의 예시

(계절) 고객님, 요즘 날씨가 많이 덥죠?

(날씨) 밖에 비가 오나 봐요?

(상황) 혼자 방문하셨어요?

(안내) 천천히 둘러보시고 필요하신 거 있으시면 편하게 불러주세요.

(칭찬) 고객님, 저희 브랜드 옷 착용하셨네요? 잘 어울리세요.

(과정) 찾아오시는데 어렵지는 않으셨어요?

(관찰) 운동 좋아하시나 봐요?

물론 기왕이면 '예'를 이끌어내는 질문이 좋겠다. 닫힌 질문
을 통해 고객이 마음의 문을 열었다고 판단되면 그때 열린 질문
open question으로 바꾼다.

열린 질문은 자유로운 답변이 가능한 질문으로, '누가', '누구
의', '무엇을', '언제', '어떤', '왜', '어떻게'와 같은 단어로 시작한
다. 질문을 받은 고객은 자유롭게 본인의 상황이나 입장을 이야
기할 수 있다.

형태는 열린 질문처럼 보이지만 전혀 열린 질문이 아닌 것들이 있다. 답을 유도하는 질문, 적대적이거나 부담을 주는 질문 따위다. 유도 질문이란 이런 것이다.

"고객님, 이번에 나온 신상품 디자인 정말 예쁘다고 생각하지 않으세요?"

유도 질문은 고객의 심리적 풍경이나 숨은 욕구를 이끌어내지 못한다. 심지어 고객이 응대자의 질문에 동의하지 않을 때는 반감만 살 뿐이다. 부담을 주는 질문은 이런 식이다.

"다른 거 필요하신 거 없으세요?"

중간 과정 없이 바로 용건을 묻는 질문인데 이 말은 '안 사려면 가'라는 느낌을 줄 수 있다. 닫힌 질문은 고객의 마음에 노크를 하는 게 목적이다. 그래서 답변이 쉬워야 하고, 기왕이면 '예'를 이끌어내야 한다.

반면 열린 질문의 목적은 고객 만족감에 있다. 고객은 언제나 최선의 선택을 하고 싶어 하고, 그 선택을 자기 스스로 했다고 느끼고 싶어 한다. 즉, 자기주도적으로 구매를 했다고 느낄 때 만족감이 최고조에 이른다. 이때 자기주도적 구매 행위란 그러한 느낌이지 실제로 처음부터 끝까지 모든 걸 스스로 선택한다는 뜻이 아니다. 보통 직원이 여러 개의 대안을 제시하고 고객이 이 가운데 고르도록 할 때 고객은 충분히 자기주도적이라고 느낀다.

따라서 '이렇게 해드릴게요'가 아니라 '**A 혹은 B를 해드릴 수 있을 것 같은데 어떠신지요? 혹시 생각하신 다른 방안이 있으실까요?**' 와 같이 선택지도 주고 여지도 줄 때 좋은 선택을 했다고 느낄 확률이 높아진다.

만일 상품 자체가 선택지가 없을 때는 어떻게 할까? 그럴 때는 구매 방식이라도 선택할 수 있도록 하는 게 좋다.

"고객님, 환불 방식은 현금으로 돌려드리는 것이 좋을까요, 다음 결제 건에서 공제 후 차액을 드리는 것이 좋을까요?"

고객의 자율성을 침해하지 않고 좋은 결과를 얻을 수 있는 방법은 '**결정을 내리기 전에 먼저 고객과 상의를 하는 것**'이다. 고객과 상의하는 것은 서로 이익이 되는 방안을 찾아내는 데 큰 도움이 된다.

〈기타 질문 관련 Tip〉

① 고객의 만족 여부를 체크하고 싶을 때는 어떻게 묻는 게 좋을까?

"지금까지 제가 설명해드린 것에 대해 어떻게 생각하세요?"

② 질문을 하기 전 약간의 부연설명은 고객의 거부감과 반발심을 줄일 수 있다.

"최근 고객님들마다 선호하시거나 사용하는 방식이 다 달라서 같은 제품을 구매하시더라도 시스템 설정을 맞춤으로 도와드려 효율적으로 제품을 사용하세요. 고객님께서는 주로 제품을 사용하실 때 어떤 기능을 가장 많이 사용하세요?"

가던 고객도 돌아오게 만드는
호기심 유발 질문

불편을 알아주고 호기심을 자극한다

말 잘하는 사람들은 말을 많이 하지 않는다는 것을 알고 있는 가? 말을 많이 하지 않고도 말 잘하는 사람이 된다면 어떨 거 같 은가? 생각만 해도 신나지 않을까? 그런데 이는 불가능한 일이 아니다. 다음 대화를 보자.

판매원 : 고객님, 콩 껍질까지 통째로 들어간 영양 만점 두부 사세요.
　식이섬유가 풍부하답니다.
고객 : 먹는 두부 있어요.
판매원 : 잠깐만 시간 주시면 설명해드릴게요.

고객 : 아니에요.

뭐가 문제일까? 너무 무작정 상품을 내민 건 아닐까? 사실, 제품 제작 단계부터 이런 식으로 접근하는 회사들이 많다. 좋은 상품만 만들면 고객은 언제든 호기심을 가지고 우리 상품을 찾을 거라는 기대감을 품고 말이다. 그러나 고객의 신발을 신고 보면 고객의 마음에는 높디높은 성벽이 세워져 있음을 알 수 있다. 굳건히 닫힌 문을 여는 방법은 없을까?

판매원 : 고객님, 식이섬유 10g을 일반 두부로 섭취하려면 10개는 드셔야 되는 거 알고 계세요?

고객 : … (그런가?)

판매원 : 그런데 한 모만 먹어도 10g을 섭취할 수 있다면 어떠실 것 같으세요? 당연히 한 개만 먹는 게 낫겠죠?

고객 : 그렇긴 하죠….

판매원 : 불가능한 게 아니에요. 식물의 영양소는 껍질에 있다고 하잖아요. 저희 두부는 껍질이 그대로 들어가서 영양이 단 1%도 손실된 거 없이 살아 있어요. 저희 두부 1개에는 식이섬유가 10g 들어 있어서 다른 두부 10개 드시는 것과 똑같은 효과가 있어요.

앞의 판매원과 무엇이 다를까? 질문이다. 만일 고객의 호기심을 끌어내고 싶다면 제품 설명은 잠시 접어두고 질문부터 던져야 한다. 물론 그 질문은 고객의 관심사나 가치 또는 문제와 연관이 있어야 하고, **호기심을 자극**해야 한다. 그래야 가던 걸음 돌려서 내 이야기를 듣게 할 수 있다. 그렇다면 호기심은 어떻게 이끌어내야 할까? 3단계 과정을 적용해보자.

[1단계] '~을 알고 계십니까?'로 시작하기

우리가 '고객'이라고 부르는 일군의 집단이 공통적으로 갖고 있는 고민이나 관심사, 사회적 이슈 등과 연관된 정보가 일단 내 손에 있어야 한다. 그리고 "~라는 것을 알고 계세요?"라고 말을 건네면서 주의를 환기시킨다.

이 글의 도입을 기억하는가? 말을 잘하고 싶어 하는 사람의 주의를 끌어내기 위해 이렇게 질문을 던졌다. '말 잘하는 사람들은 말을 많이 하지 않는다는 것을 알고 있는가?'라는 식으로 질문을 준비한다.

[2단계] '~한다면 어떨 거 같으세요?'로 관심 이어가기

주의를 끄는 데 성공했다. 다음은 뭘까? 달달달 외운 상품 정보 제공 타이밍일까? 아니다. 아직 그 단계가 아니다. 지금은 고객이 상상을 하도록 유도하는 과정이 필요하다. 어떤 상상일까? 고객이 얻게 되는 결과물에 대한 상상이다.

이 글의 두 번째 문장은 '말을 많이 하지 않고도 말 잘하는 사람이 된다면 어떨 거 같은가?'라는 질문이었다. 이 질문은 고객을 미래로 안내한다. 그 미래에서 고객은 '말 잘하는 자신'의 모습을 본다. 그 모습을 보고 나면 어떤 생각이 들까? '그렇게 될 수 있다면 좋겠네', '나한테 완전 꼭 필요한 정보야'라고 생각하면 2단계 질문 완성이다. 고객은 이제 몰입할 준비를 마쳤다.

[3단계] '~이 아닙니다. 이것은 ~입니다'라고 증거 밝히기

마지막의 핵심은 '설득'이다. 이를 위해 뒷받침되는 연구결과나 통계자료,

설문내용 등 사실에 기반을 둔 정보가 있으면 더할 나위 없다. 3단계는 '상상이 아닙니다', '불가능한 게 아닙니다', '어려운 게 아닙니다'처럼 의구심을 무너뜨리는 말부터 시작한다. 그리고 준비한 근거를 덧붙이면 설득력이 커진다.

여기까지 읽었다면 껍질 두부를 팔던 두 번째 판매원의 대화를 다시 읽어봐도 좋겠다. 이 3단계 원칙을 그대로 따르고 있다는 것을 알게 될 것이다.

우리가 지금까지 살펴본 것은 설명 대신 **질문**을 하라는 것이고, 그 질문은 **호기심**을 끌어내는 것이어야 한다는 얘기였다. 이렇게 하면 말은 자연히 짧아질 수밖에 없는데 조금 우려되는 게 있다. 말이 짧아지면 너무 직설적으로 문제점을 콕 찍어 말하는 경우가 생길 수 있기 때문이다.

직설적인 얘기는 자칫 기분이 상하게 만들어 발길을 돌리는 이유가 되기도 한다. 이런 문제를 해결하는 방법 중에 **5불不을 활용**하는 질문법이 있다. 5불不이란 다음의 다섯 가지를 말한다.

5불不 : 불쾌, 불만, 불안, 불필요, 불편

어떻게 활용될까?

"요즘 많이 더우시죠? 요즘처럼 더울 때는 옷에 땀이 오래 배어 있어서 많이 불쾌하시죠?"

"고객님, 보험 가입하신 지가 오래되셔서 신종 질병에 대한 혜택이 부족하다고 느끼신 적 있으시죠?"

"고객님, 꼼꼼하게 기록을 잘해두셨네요. 그래도 놓치는 것이 없는지 불안하셨죠?"

"편안하게 쇼핑하고 싶은데 자꾸 판매원이 와서 말을 걸어 불편하셨죠?"

"고객님, 매월 꾸준히 이용하시는데 다른 혜택이 없어 불만족스러우셨죠?"

유창한 설명도 물론 필요하겠다. 그러나 설명 전에 질문이 먼저다. 아무 질문은 안 되고, 고객이 듣고 싶어 하는 질문이어야 한다. 그런 질문부터 개발하자. 고객이 귀를 기울여야 설명할 시간도 얻을 수 있다. 평소 고객군의 관심사나 사회적 이슈 등 새로운 정보들과 내 상품을 연결해야 한다. 고객의 시선을 끌려면 어떤 질문을 만들어야 하는지 연구하자.

판매왕의 진짜 스킬
- 숨은 구매의도를 파악하는 질문법

질문 나열은 금물

고객은 당신만큼 제품에 대해서 알고 있지 못하다. 심지어 고객은 자신이 왜 구매하는지조차 100% 정확히 알고 있지 못하다. 그래서 당신이 필요하다. 당신은 고객의 구매경험을 돕는 판매 (서비스) 전문가다. 고객도 모르는, 고객의 구매 의도를 파악해야 한다. 만일 숨은 의도 파악에 능숙해지면 그 사람이 바로 판매왕이다.

판매왕들은 공통적으로 다음과 같은 특성을 보인다.

① 오픈형 질문에 능하다.

② 고객이 필요한 게 뭔지 아는 것은 기본이요, 왜 사려고 하는지 동기까지 잘 파악한다.

③ 고객의 숨은 욕구를 파악할 수 있는 디테일한 질문 보따리를 갖고 있다.

④ 질문은 쉽게 기억할 수 있을 만큼 단순하며, 상황에 따라 응용할 수 있다.

이 4가지 특성 중에서 키워드를 뽑는다면 당연히 '질문'이 되겠다. 질문은 어떻게 만들까? 육하원칙을 따라가 보자.

▋1▋ 누가(Who)

사용자와 구매결정권자가 다른 경우가 많다. 그래서 상품을 누가 쓸지 파악해야 한다. 나아가 함께 이용할 고객이 누군지 파악하면 업셀링up-selling, 더 비싼 제품의 구입을 유도하는 방법이나 크로스셀링cross-selling, 다른 제품까지 추가 구매를 유도하는 방법도 가능해진다.

- 고객님께서 사용하실 예정이세요?
- 어느 분께서 사용하실 예정인가요?
- 혹시 함께 이용하실 가족구성원이나 친구분들이 있으신가요?

② 언제(When)

사용주기나 사용 시점을 물어 고객에게 맞는 상품 활용팁이나 맞춤 정보를 안내할 수 있다.

- 주로 언제 이용하세요?
- 어느 때 가장 많이 사용하실까요?
- 언제 이 기능이 필요하다고 느끼셨어요?

③ 어디서(Where)

사용환경에 대한 질문은 고객의 라이프스타일을 파악하는 데 도움이 된다. 특히 '어디서'를 물어보면 고객은 이 제품을 사용하는 자신의 모습을 상상하게 되는데 이런 과정은 구매 확률을 높인다.

- 어디에서 사용하실 예정이신가요?
- 사용하실 때 주로 어디에서 이용하시나요?
- 고객님, ○○은 어디에 보관을 하시나요?

④ 무엇(What)

'무엇'을 파악하면 구매결정을 높이는 설명이 가능해진다. 사실 '무엇'을 묻는 질문은 접근이 어렵다. 그러나 원하는 답변을 얻을 수만 있다면 현재 고객이 가지고 있는 어려움이나 문제점을 콕 집어서 해결방안을 제시할 수 있다는 큰 장점이 있다.

- 무엇을 도와드리면 결정하시는 데 도움이 될까요?
- 이용하실 때 무엇을 가장 중요하게 생각하세요?
- 무엇이 가장 고민이셨어요?

🄴 어떻게(How)

고객의 욕구와 현재 상황을 파악하게 된다면 더욱 맞춤 설명이 가능하다.

- 어떻게 저희 상품 알게 되셨어요?
- 고객님, 평상시 어떻게 사용하세요?
- 어떤 점이 가장 마음에 드셨어요?

🄵 왜(Why)

고객이 구매하려는 목적이나 의도를 파악하기 위한 질문이다. 다만 '왜'를 묻는다고 꼭 '왜'라는 단어를 쓸 필요는 없다. '왜'가 앞에 나오면 자칫 공격적인 느낌을 주거나 오해가 생길 수 있기 때문이다. 대신 '이유'나 '사유'와 같은 단어로 바꿔서 물어보는 게 좋다.

- 고객님, 지금 사용하시고 계신다고 했는데 변경하시려는 이유가 있으실까요?
- ○○을 선호하시는 이유가 있을까요?
- 왜 많은 사람들이 ◇◇이 아닌 ○○을 선호할까요?

(*고객의 의도를 직접 묻는 경우에는 '왜'를 피하고, 마지막 질문처럼 고객에게 직접 묻는 경우가 아니면 '왜' 사용이 가능해 보인다. 질문을 만들 때는 내가 듣는 입장이 되어 불쾌한지 아닌지 체크한다.)

고객도 모르는 고객의 속마음을 파악하기 위한 질문은 보다시피 많다. 그런데 판매왕들의 질문은 생각보다 적다. 판매왕들은 고객에게 꼬치꼬치 캐묻지 않는다. 설령 준비한 질문이 많더라도 두세 가지 질문으로 압축한다. 번거롭거나 불편하게 느낄 수 있기 때문이다.

질문 개수를 줄이는 요령은 고객의 답변에 있다.

판매왕들은 기계적으로 질문을 나열하지 않는다. 맥락을 고려하고 자연스럽게 추가 질문을 이어간다. 예컨대 고객의 답변에서 힌트를 얻어 우리 상품의 장점과 연결시킬 수 있는 고리를 찾아서 추가적으로 질문을 던지는 식이다. 이렇게 포위망을 좁히면서 고객의 진짜 니즈로 다가가기 때문에 질문 수가 적절하고, 무엇보다 질문의 목표인 상세한 맞춤 설명도 가능하다.

"고객님, 일전에 짧은 유지력 때문에 불편하셨다고 하셨죠. 저희 제품 같은 경우에는 바쁜 고객님들의 시간의 가치를 중요하게 생각해서 보다 유지력이 높은 제품으로 개발이 되어 새롭게 출시되었거든요."

질문은 수단이요, 목표는 고객의 숨은 의도 파악이다. 그래서 고객이 구매 의사를 갖게 된 배경이나 문제점, 이 문제 해결을 위해 바라는 점 등을 묻되 이를 기억하고 있어야 한다. 그래야 고객의 니즈와 매칭시켜서 설명할 수 있게 되고, 그럴 때 고객의 만족감은 커진다.

〈성공적인 질문을 위한 Tip〉

① 양해 구하기

고객 입장에서 보면 질문은 불편한 과정이 될 수 있다. 그래서 판매왕들은 양해를 구한다.

"고객님, 제가 고객님께 좋은 상품을 추천해드리기 위해 몇 가지 질문 드려도 괜찮을까요?"

"고객님의 보다 합리적인 쇼핑을 돕기 위해 제가 몇 가지 질문을 통해 고객님께 꼭 맞는 상품을 추천해드려도 될까요?"

② 질문하는 태도

판매왕들의 또 다른 점 가운데 하나는, 질문 내용보다 질문하는 태도와 뉘앙스를 더 중시한다는 점이다. 같은 시나리오라도 더 잘 살리는 배우가 있기 마련이다. 같은 대본이라도 더 잘 웃기는 개그맨이 있다. 질문 내용 자체도 중요하지만 '질문' 행위를 어떻게 연출하는지는 더 중요하다는 점을 잊지 말자.

구매 확률을 높이는 최면언어

스스로 선택하도록 한다

A와 B 직원 두 명이 제품을 소개한다. 어떤 직원이 더 많이 팔았을까?

A 직원 : 수제 쿠키인데요. 한 개에 500원입니다.
B 직원 : 수제 쿠키인데 두 개에 1,000원이고 한 개에 500원이에요. 무지 저렴하게 드리는 거예요.

누구나 느끼듯이 B 직원이다. '1,000원'과 '무지 저렴하다'라는 정보가 구매의사를 높이기 때문이다.

유기농 수제 쿠키

그런데 이상하다. '무지 저렴하다'라는 표현은 납득이 되는데 '1,000원'은 뭘까? 사실 한 개 500원이면 두 개 1,000원이라는 건 산수만 할 줄 알면 누구나 다 하는 계산이다. 두 개 산다고 더 싸 게 주는 것도 아닌데 왜 1,000원이라는 정보가 판매에 도움을 준 걸까?

이 말은 고객의 소비 행위가 비합리적이고 비이성적이라는 얘 기다. 구매자로서의 자신을 생각해보면 나는 평소 이성적인 소 비를 하는 편이라고 생각한다. 그러나 객관적 연구 결과들은 다 른 말을 한다. 무심코 TV 채널을 돌리다가 홈쇼핑에서 상품을 보 고 '맞아, 나 저거 필요했어'라고 생각하면서 주문 버튼을 누른 기억이 있지 않은가?

구매를 결정하는 사고회로의 과정에는 이성이 개입하지 않는 비이성적 틈이 있다는 말이고, 이 틈을 어떻게 비집고 들어가느냐가 성패를 좌우한다는 얘기겠다. 그 틈을 비집는 마법의 언어를 '최면언어'라고 부른다.

잘 파는 세일즈 전문가들은 최면언어를 구사한다. 최면언어는 고객의 잠재되어 있는 구매 욕구를 끌어내어 구매결정까지 이르게 돕는 세일즈 방식이다. 1차원적인 세일즈 방식과 비교해보면 그 의도를 보다 쉽게 이해할 수 있다. 보통 세일즈 교육을 받지 않은 사람이나 세일즈 개념에 어두운 사람들은 이렇게 말한다.

"우리 상품 무지 좋아요. 이거 하세요."

표현에 차이는 있겠지만 '좋다'와 '사라'가 결합된 형태로 구매를 제안한다. 그런데 이런 1차원적 제안은 듣는 사람 입장에서는 제안이 아니라 사달라고 요구하는 것처럼 보인다. 왜? 사야 할 이유를 못 찾았기 때문이다.

그런데 세일즈의 기본 원칙을 기억하는가? 고객은 스스로 선택한다고 느낄 때 구매를 결정할 가능성이 커진다!

이 원칙에 입각하면 '좋다 + 사라'는 안 되고 왜 최면언어는 되는지 이유를 알 수 있다. 최면언어는 고객 스스로 구매 이유를 찾도록 돕는 게 목적이기 때문이다.

그럼 최면언어는 어떻게 만들 수 있을까?

〈대표적인 최면언어 6가지〉

① 긍정질문으로 마무리하기

상품이 뭐가 좋고, 어떤 혜택이 있는지 어필한 뒤에 '참 괜찮은 제안이
죠? 특별하죠? 좋죠?'처럼 '네'를 이끌어내는 긍정질문으로 구매 욕구
를 높이는 방식이다.

- 고객님, 이 상품은 통기성이 뛰어나 땀이 금방 말라요. 무지 좋죠?
- 고객님, 특별한 날이니만큼 맞춤 제작된 사모님만을 위한 상품을 선
  택한다면 더 특별한 선물이 되실 것 같아요. 너무 기분 좋을 것 같지
  않으세요?

② 구매해야 한다고 제가 말씀드리지는 않겠습니다. 무엇보다…

고객에게 구매를 강요하지 않고 심리적 부담감을 낮춰 고객 스스로 의
사결정을 하도록 돕는 최면언어다. 판매자에 대한 반감을 줄이고 내 스
스로 결정했다는 확신에 만족감이 높아질 수 있다.

- 고객님, 이번 행사 때 할인된 상품을 구매해야 한다고 제가 말씀드리
  는 것보다 고객님의 결정이 중요하죠.
- 고객님, 이왕 결정하실 때 더 상향된 옵션으로 추가하시라고 말씀드
  리지 않겠습니다. 무엇보다 고객님께 필요한 것으로 선택하셔야죠.

③ (추가선택 제안 후) ~하실 수 있는데, 어떻게 도와드리면 좋을까요?

업셀링이나 크로스셀링의 제안 후 혜택을 설명하는 방법이다.

- 고객님, A와 함께 B를 추가 선택해서 더블 할인을 받으실 수 있는데, 어떻게 도와드리면 좋을까요?
- 고객님, A와 잘 어울리는 B를 함께 선택해서 부스터 효과를 보실 수 있는데, 어떻게 제가 도와드리면 좋을까요?

④ (좋은 제안) ~하지 않으셔도 괜찮습니다.

더욱 좋은 제안은 거절하더라도 현재 제안된 구매의 의사결정을 돕기 위한 최면언어다.

- 고객님, 고급 사양으로 추가된 옵션을 선택하지 않으셔도 괜찮습니다. 고객님이 필요한 것을 선택하시는 것이 중요하죠.
- 고객님, 꼭 맞는 세트로 구입하지 않으셔도 괜찮습니다. 단독으로 착용하셔도 충분하죠.

⑤ 만약 ~할 수 있다면 어떻게 하시겠어요?

고객의 숨은 욕구를 파악할 수 있는 아주 좋은 질문이고, 더불어 고객 스스로 욕구를 반영할 수 있도록 배려하는 아주 좋은 최면언어다.

- 고객님, 만약 조건 없이 추가 사항을 선택할 수 있다면 어떠한 사항을 넣으시겠어요?
- 고객님, 만약 같은 조건으로 더 나은 보험상품을 선택하실 수 있다면 어떤 점을 중점적으로 보시겠어요?
- 고객님, 만약 추가로 할인받으실 수 있다면 다른 어떤 상품을 선택하시겠어요?

⑥ 몇몇 고객님들께서는 ~하시더라고요.

사용자 후기를 요약해서 제3자 입장에서 전달하는 식이다. 마치 남의 이야기인 것 같지만 사실은 고객에게 던지는 메시지다.

- 몇몇 고객님들은 ○○부분을 많이 놓치고 선택하셨다가 나중에 후회 하셨다고 하시더라고요.
- 몇몇 합리적 소비를 하는 고객님들은 활용도가 낮은 상품에 대해서 는 선택을 꺼리시더라고요.

거절 이용기법

최면언어 4번째 내용은 거절 이용기법을 활용한 방식이다. 거절 이용기법이란 첫 제안에 대한 거절로 미안해진 고객의 심리를 역으로 이용하여 두 번째 제안을 수락하게 만드는 세일즈 기법이다. 《설득의 심리학》의 저자 로버트 B. 치알디니Robert B. Cialdini가 말한 '상호성의 원칙'이 바로 이것인데 그에 따르면 사람은 호의나 선물을 받은 만큼 돌려줘야 한다는 의무감을 갖게 된다. 어떻게 활용할 수 있을까?

첫 제안은 거절을 예상하고 한다. 어떻게? 고객의 예산 범위를 초과하는 제품이나 조건을 제안하면 된다. 예상된 거절이 나오면 그때 작은 제안으로 다시 다가간다. 앞선 거절이 미안하던 차에

마침 가능한 제안이 오면 수락할 가능성이 높아진다. '거절 이용 기법'은 영어로 'the door-in-the-face technique'이라고 하는데 문전박대 기술이라고 번역하는 게 더 느낌이 올지 모르겠다. 문을 쾅 닫아 버린 고객은 공연히 미안해진 마음이 들기 마련이니까.

고객이 스스로 선택하도록 돕는 방법들

이 책에서 다루는 고객응대의 대전제 가운데 하나는 '고객은 스스로 선택한다고 느낄 때 만족감이 커진다'이다. 어떻게 해야 스스로 선택한다고 느낄까? 아래 4가지 방법을 참고해보자.

1 회원가와 비회원가

네일아트숍에 가면 회원가와 비회원가가 나뉜 메뉴판을 본 적이 있을 것 같다. 왜 이렇게 했을까? 기준가격(비회원)이 있을 때 비교가 가능해지기 때문이다. 두 가지 가격표를 본 고객은 회원이 되면 어떤 혜택을 받을지 한눈에 알 수 있게 된다. 회원이 되는 고객은 '스스로 선택했다'라는 생각을 갖게 되고, 가게는 정기고객을 유치하게 된다.

② 예치금과 할인

골프장 같은 경우, 예치금 3만 원만 넣으면 매 라운딩 시 1만 원씩 할인을 해준다. 예치금은 원하면 언제든 돌려받을 수 있고 3번만 오면 본전을 찾고도 이득이다. 골프장 업체로서는 별로 득이 될 것 같지 않다. 그런데 골프장은 널렸고, 예치금 혜택은 좋은 제안이다. 일부러라도 재방문을 하고 싶게 만든다.

③ 특별코스

한정식 코스요리 전문점에 메뉴가 달랑 A코스 8만 원, B코스 5만 원 두 가지뿐일 때와 특별코스 1인 10만 원을 추가하여 총 3가지 코스를 준비했을 때 과연 어떤 경우에 A코스를 시킬 확률이 높을까? 특별코스가 추가된 두 번째 조건에서 A코스를 선택할 확률이 커진다. 너무 비싸 부담스럽지도 않고, 너무 싸서 특별한 날의 가치를 낮추지도 않는다고 느끼기 때문이다.

④ 다른 가격대 추천

백화점에서 판매할 때도 특별코스 추가가 효과를 발휘한다. 예컨대 30만 원짜리 상품이 고객의 관심사로 판단되는 경우, 100만 원짜리와 10만 원짜리를 같이 추천하면서 장단점을 비교해주면 고객은 30만 원짜리를 만족스럽게 선택할 확률이 크다. 비교 대상이 있으면 자신의 선택지에 대해서 판단할 수 있기 때문이다.

업셀링과 크로스셀링, 이것만 기억하자

준중형차 사러 갔다가 중형차 견적을 뽑는다. 하나만 사러 갔다가 2+1이라길래 3개 들고 온다. 더 좋은 걸 사고 싶고, 추가로 사고 싶은 게 소비동물의 본능이다. 그래서 로션 사러온 고객에게 에센스를 추천하고, 적금 가입하러 온 고객한테 신용카드 제안하고 휴대폰 구매하러 온 고객에게 액세서리나 보험 같은 부가서비스를 추가 안내한다. 커피 마시러 갔더니 400원 추가하면 사이즈 업해준단다. 10만 원 이상 구매하면 5,000원 상품권 준단다. 10,000원 추가하면 프리미엄 세트도 구매할 수 있단다.

고객은 '어, 이런 것도 있었네'라고 생각하며 모르던 것도 알게 되고 선택의 폭이 넓어져 좋다. 판매자는 추가 수익을 창출할 수 있어서 좋다. 업셀링과 크로스셀링은 너무 파는 데만 혈안이 되어 있지 않다면 얼마든지 권장되어야 할 판매 기법이다. 혹시 판매자의 업셀링이나 크로스셀링이 부담되면 어떻게 하느냐고? 그래서 원래 사려던 것까지 포기하면 어떻게 하느냐고? 그런 고객이라면 환불하러 찾아올 가능성이 다분하다.

업셀링과 크로스셀링을 할 때는 다음 3가지를 기억하자.

■ 고객이 결정한 상품에 플러스알파 선택안 제시

- 고객님, 주문하신 부대찌개와 어울리는 우동사리나 라면사리 중 어떤 것으로 준비해드릴까요?
- 고객님, 선택하신 ○○상품에 딱 맞는 사이즈의 액세서리 케이스와 보호 필름이 이쪽에 준비되어 있는데 어떠세요?

* 포인트 : '고객님께서 주문하신 ○○상품과 어울리는/딱 맞는' 넣기

② 가치를 느끼는 혜택 설명

- 고객님, 찾으시는 에센셜 로션은 같은 라인인 토너와 함께 사용하면 피부결 정돈 후 유수분 밸런스를 맞춰 최상의 피부 컨디션으로 관리가 가능해요. 효과를 높이기 위해서 로션 테스팅 전에 토너로 함께 테스팅 해드려도 될까요? 오늘 로션과 토너 함께하시면 추가 할인도 가능해요.
- (옵션 아무것도 없이 기본형을 선택한 고객에게) 고객님, 선택하신 기본형에 디자인이나 다른 추가사항보다는 사고예방과 안전을 위해 긴급제동장치옵션을 함께 넣어보시는 것은 어떠세

요? 아까 운전 많이 하신다고 하셨는데, 차에 계시는 시간이 많은 만큼 고객님의 안전은 선택사항이라기보다 필수로 느껴져서요. 안전 옵션사항 추가하시면 제가 추가로 ○○옵션도 같이 도와드릴게요.

* 포인트 : '~위해서'라는 말을 통해 고객이 받을 혜택과 함께 제품의 장점을 설명

❸ 이익 설명

- 고객님, 고민하시는 ○○과 세트구성인 ○○을 함께 선택하시면 단품으로 구매하시는 것보다 20% 저렴한 합리적인 가격으로 이용가능한데 어떠세요?

- 고객님, 예쁘게 염색 잘 끝났습니다. 이 상태로 잘 유지되려면 미용실 방문하셔서 추가적으로 케어 관리를 해드리면 좋은데 숍에 매번 와야 하는 번거로움이 있어요. 아무래도 가격도 있다 보니까 숍에서 받는 효과를 집에서 홈케어로 저렴하게 이용 가능한 염색전용 제품이 들어왔거든요. 함께 써주시면 충분히 예쁘게 컬러 유지하실 수 있어요. 보여드릴까요?

- 고객님, 오늘 정말 잘 오신 게 3개 이상 구매시 저희 15% 할인을 해드리고 나중에 계산하실 때 저희 카카오톡 친구추가 하시면 추가 10% 할인을 더해드리거든요. 중복 할인 기회 있

을 때 선택하시면 이중으로 할인 받으셔서 좋거든요. 이번 주에 저희 행사 끝나거든요. 재고 있을 때 상품 선택하시고 추가 할인까지 이 기회 꼭 놓치지 마세요!

* 포인트 : 선택했을 때의 경제적 이익 또는 선택하지 않았을 때 손실이나 번거로움 등을 비교해서 말하기

고객님이 감히 거절했다

거절에 대한 다른 접근

반감을 지닌 사람의 마음을 돌리기란 정말 어려운 일이다. 어느 기업에서 8시간 연수과정을 진행할 때였다. 그날 유독 휴대폰만 만지작거리며 딴짓을 하는 사람이 있었다. 조별 토의 시간에도 조원들과 말 한마디 나누지 않고 고개만 푹 숙이고 있었다. 조용히 다가갔다.

"선생님, 같이 참여하실게요."

그랬더니 인상을 팍 쓴다.

"싫은데요."

순간 교육장은 찬물 끼얹은 듯 조용해졌다. 도망가고 싶었다.

참여자가 비협조적으로 나올 때 가장 쉬운 선택지는 포기다. 그 사람에게 더 이상 관심을 갖지 않으면 그만이다. 반쯤 자포자기 심정으로 쉬고 있는 그에게 조용히 다가갔다.

"선생님, 토론이나 발표를 원하지 않으시니 더 이상 요청 드리지 않을게요. 하지만 어떤 이유로 참여하기를 꺼리시는지 말씀해 주신다면 남은 교육시간 운영에 큰 도움이 될 것 같아요. 말씀 부탁드려도 될까요?"

한숨 끝에 그가 입을 열었다. 내용인즉, 그는 현재 회사와의 갈등이 해결되지 않은 채 교육에 참여하게 되었고, 조원 가운데 껄끄러운 구성원이 있다는 말을 전했다.

어떤 내막이 있는지는 모르지만 뭔가 해결책을 제시할 수 있을 것 같았다.

"아직 시간도 많이 남고 마음이 불편하실 텐데 제가 자연스럽게 조 구성을 변경해드리는 것은 어떨까요?"

덧붙여 어떻게 운영할지 설명했다. 그러자 그가 조건부 합의점을 내놓았다.

"그렇다면 참여는 하겠지만 주목받는 발표까지 하고 싶지는 않네요."

약속대로 조 구성을 변경하자 그 역시 달라졌다. 협조적인 태도로 연수에 참여했다.

　거절의 의사를 내비치는 사람에게 어떻게 다가가는 게 좋은 방법일까? 가장 쉬운 방법은 물론 포기다. 내 고객이 아니라고 생각하고, 내 잘못이 아니라고 생각하고 넘기면 그만이다. 그러나 조금만 생각을 바꿔서 접근해보면 의외로 답이 보일 때가 있다. 거절하는 고객도 마찬가지다.

　처음부터 거절 의사를 내비친 사람이라면 마음이 한결 가벼울지 모르겠다. 그런데 고객 반응이 좋아서 신나게 상품을 설명했는데 마지막 순간 '다음에요'라고 거절하는 손님이라면 많이 난

감하다. 떠나가는 고객의 등을 보고 있노라면 맥이 다 풀린다. 지금까지 들인 노력이 물거품이다. 허탈감이 밀려온다. 고작 할 수 있는 거라곤 '네'라고 기어들어가는 목소리로 답하는 것뿐인데 같은 일이 반복되면 나중에는 의욕마저 꺾인다.

거절 상황에 상처받지 않기 위해 고슴도치처럼 도리어 공격적으로 응수하는 경우도 있다. 비싸다는 고객의 말에 "어머, 아닌데 이게 뭐가 비싸요?"라고 되묻거나 심지어 고객을 무시하는 듯 "어머, 이런 것도 마음대로 못 사시는 거예요?"라고 인신공격에 가깝게 자존심을 건드린다. 매우 위험한 대응이다. 그럼 어떻게 대응하는 게 좋을까?

거절 상처를 예방하기 위한 가장 좋은 방법은 거절을 예측하는 것이다. 얼마든지 거절당할 수 있다는 사실을 인정하고 있으면 고객이 찬바람을 일으키며 쌩하고 돌아서도 당황하지 않을 수 있다.

그러나 예방만 한다고 끝은 아니겠다. 거절에 대한 조금 다른 이해와 대응책이 필요하다. 거절에 대한 조금 다른 이해란 다음의 사실을 전제로 한다.

"모든 거절이 다 진짜 거절은 아니다."

거절이라는 형태로 표현되었다고 해서 모두 다 거절은 아니다.

고객 중에는 확신이 들지 않아 결정을 미루는 경우가 있는데 이때도 거절 형태를 띠는 경우가 얼마든지 있다. 이런 거절까지 포기하면 곤란하다. 모퉁이만 돌면 목적지일 수 있는데 말이다. 저울질 중인 이 고객은 그래서 아직 가능성을 갖고 있으므로 새로운 접근이 필요하다. 어떻게 할까?

우선, 고객의 거절을 종류별로 분류해보자. 현장에서 가장 많이 접하는 거절 멘트는 다음처럼 7가지로 구분된다.

〈고객의 가장 흔한 거절 멘트 7가지〉

① 비싸요.
② 좋긴 한데 생각할 시간이 필요해요.
③ 예전에 비슷한 거 쓴 적 있는데 별로였어요.
④ 배우자와 상의해야 해요.
⑤ 지금 사용하고 있는 제품에 만족해요.
⑥ 배송이 너무 늦어요.
⑦ 내게 필요한 기능이 빠져 있어요.

어떻게 응대해야 할까? 핵심은 고객의 거절 사유를 즉각 해소할 수 있는 답을 미리 상정하고 행동하지 않는 것에 있다. 도리어 지금은 질문을 할 때다. 하나씩 살펴보자.

❶ 비싸요

고객의 대답에 답이 있는 것 같다. 싼 걸로 바꿔서 추천할까? '그럼, 다른 것으로 추천해드릴게요.' 그런데 고객은 '잘했어! 거절 안 했으면 비싸게 살 뻔했네'라고 생각한다. 이건 어떤 심리일까? 내 선택이 옳다고 생각한 고객은 더 이상 제안자의 말을 들으려 하지 않게 된다. 이때는 직원 스스로 답을 정해서 움직이지 말고, 질문을 통해 다시 접근하는 게 좋다. 질문의 핵심은 고객의 예산 범위가 어느 정도인지 확인한 후 그 예산에 맞게 상품을 추천하는 것이다.

추천 질문 "아, 고객님, 이 상품이 저렴하진 않게 느껴지시죠. 혹시 예산은 어느 정도 예상하고 계세요?"

❷ 좋긴 한데 생각할 시간이 필요해요

가격이 문제일까, 집안 배치가 문제일까? 도대체 어떤 문제 때문에 생각이 필요한 걸까? 지금 필요한 건 고객이 고려하고 있는 점을 함께 고민하고 솔루션을 제시하는 일이다. 따라서 무엇 때문에 시간이 필요한지 묻는다.

추천 질문 "저도 상품을 구입할 때 꼼꼼히 체크하게 되더라고요. 고객님, 어떤 점을 생각하고 싶으세요?"

이때 고객의 답변에 따라 흐름을 타며 후속 질문을 던지게 된다. 후속 질문은 문제를 보다 뚜렷하게 만드는 것을 목표로 이루어질 것이고, 옳게 질문이 던져졌을 때 고객과 응대자 모두 만족스러운 결과에 이를 수 있다.

❸ 예전에 비슷한 거 쓴 적 있는데 별로였어요

별로였던 점이 무엇인지 찾는 게 핵심이 되겠다.

추천 질문 "고객님, 유사 제품 사용해보셔서 더 잘 아시겠네요. 어떤 점이 가장 문제가 있던가요?"

고객의 답변을 듣다보면 우리 제품이 문제를 보완, 개선했는지 금방 알 수 있을 것 같다. 만일 그런 점이 있다면 어필하자. 이 과정을 통해 고객은 다시 생각할 기회를 갖게 되며 제품 비교 설명을 통해 생각을 바꿀 수 있다.

❹ 배우자와 상의해야 해요

'배우자' 자리에 다른 사람이 들어갈 수도 있고, '저한테 결정권이 없어요'라는 형태로 거절 표현이 달라질 수도 있다. 이 말은 사용자와 구매결정권자가 다르다는 점을 암시한다. 그렇다면 세일즈 포인트는 무엇일까? 양쪽을 다 만족시키는 설명이 이루어져야 한다.

추천 질문 "그렇죠, 고객님. 가족분과 함께 상의해보셔야 하죠. 괜찮으시다면 제가 가족분께 직접 설명해드려도 괜찮을까요?"

긍정적 답변이 나오면 다음 방문 약속을 잡거나 정보를 확보해서 다시 응대할 수 있는 기회를 잡는 것도 한 가지 방법이 될 수 있다.

5 지금 사용하고 있는 제품에 만족해요

'현재 사용하고 있는 곳이 있어요'라는 표현도 같은 맥락이다. 바꿀 생각이 없다는 얘기인데 그렇다면 고객이 만족감을 표시하고 있는 게 무엇인지 확인하는 게 첫 단추겠다.

추천 질문 "아, 고객님, 이미 사용하고 계시는 거예요? 혹시 지금 사용하고 있는 제품 어떤 점이 만족스러우신지 알 수 있을까요?"

고객이 좋다고 느끼는 점에 플러스 혜택을 제시해서 설명하거나 경험할 수 있는 기회를 잡는다.

6 배송이 너무 늦어요

'최대한 빠르게 보내드릴게요'라고 답변하면 적당할까? 앞에서 얘기했지만 답을 정하지 말고 물어보자.

추천 질문 "아, 고객님, 언제가 좋으시겠어요? 혹시 빠르게 받으셔야 하는 이유를 여쭤 봐도 괜찮을까요?"

최대한 고객의 시간에 맞출 수 있도록 납기일을 조정하는 방법을 찾는다.

�7 내게 필요한 기능이 빠져 있어요

추천 질문 "아, 고객님, ○○ 기능을 중심으로 찾으시면 그와 기능이 유사한 ○○을 한번 보시겠어요? ○○ 기능은 주로 어떨 때 사용하세요?"

단순히 기능에 대해서만 묻지 말고, 해당 기능을 언제 쓰는지 물어보자. 고객의 라이프스타일에 맞는 대안이나 팁을 제시할 수 있으며 그럴 때 보다 성공적인 세일즈가 될 수 있다.

여기서 제시하는 추천 질문들이 정답은 아니다. 질문 내용은 고객을 맞이한 당시 상황에 따라 얼마든지 달라질 수 있다. 기본적인 질문은 준비하되 임기응변도 염두에 둔다. 상황 대응을 위해 미리 마련해둔 기본적인 질문이 틀릴 수 있다는 점도 기억하자. 만일 여러 고객이 계속해서 거절을 해오면 질문과 설명 방식을 보완하고 새로운 방식으로 갈아탄다.

나름 연구도 열심히 하고 준비도 잘했는데 그래도 고객이 거절했다. 그러면 이제 완전 포기인가? 그러지 말자. 설령 고객이 최종적으로 거절을 했더라도 고개를 쌩하고 돌리지 말고 이렇게 응대하자.

"언제든지 도움 필요하시면 이쪽으로 연락주세요. 오늘 소중한 시간 내주셔서 감사합니다."

세일즈를 하는 사람이라면 마지막이 중요하다는 걸 잘 알 것 같다. 마무리는 늘 긍정적으로 남기자. 우호적인 관계를 만들어 두면 '내가 다음에 구매하게 되면 이 사람한테 사고 싶다', '친구에게 소개시켜줘야겠다'라는 생각이 들 수 있기 때문이다. 오늘의 거절이 내일의 거절은 아니며, 나의 거절이 내 친구의 거절이 아님을 우리는 기억해야 한다.

거절 상황에서 심리전

'비싸다, 깎아달라'라고 말하는 고객은 늘 만난다. 그런데 할인을 요구하는 고객에게 '이번만 특별히'라는 단서를 달아서 깎아주면 고객은 만족할까? 그렇지 않다. 고객은 심리적 우위에 서며 자기 확신의 세계로 들어간다.

'비싸서 못 사겠다고 거절하길 잘했어. 그냥 샀으면 어쩔 뻔했어? 역시 내 선택이 옳아. 장사꾼들 말은 믿을 게 못 돼.'

이런 심리를 갖게 된 고객은 다음에 또 올까? 글쎄, 재방문은 힘들어 보인다. 그럼 어쩌란 말인가? 매번 그래야 하는 건 아니지만 때론 고객의 거절을 거절할 수 있어야 한다. 다음 대화를 보자.

고객 : 생각보다 너무 비싸서 못 사겠어요. 좀 할인 안 될까요?

판매원 : 다른 제품과 견주어 봐도 최고의 제품임은 이미 알고 계시지만 가격이 고민이신 거죠?

고객 : 네, 마음에는 드는데 가격이 너무 부담돼서요.

판매원 : 그럼 고객님, 하나에 8만 원 정도면 괜찮다고 생각하세요?

고객 : 네, 뭐 그 정도면….

판매원 : 이미 가격적으로는 저희가 드릴 수 있는 최고의 혜택 조건이기 때문에 더 이상의 할인은 어렵지만 세트 상품으로 구매하시면 20% 추가 할인해서 하나에 8만 원으로 구매 가능합니다. 어떠세요?

지금 이 판매원은 거래를 하고 있다. '더 많이 사면 그때 깎아줄게'다. 그런데 원칙을 지킨다. '처음 약속한 할인액이 있는데 이를 내 마음대로 깎아줄 수는 없다'이다. 할인 요구에 덥석 오케이를 외친 판매원의 경우, 불신의 대상으로 낙인이 찍혔지만 원칙을 지킨 이 판매원은 최소한 신뢰를 잃지는 않는다. 약속을 스스로 허물어뜨리지 않았기 때문이다.

아리스토텔레스Aristotle는 상대를 설득하기 위해선 60%의 에토스Ethos, 인품/인격, 30%의 파토스Pathos, 감성, 10%의 로고스Logos, 이성가 필요하다고 주장했다. 설득에서 가장 중요한 요소인 에토스가 바로 이 원칙을 지키는 태도다. 말하는 사람이 아무리 말을 잘해도 그가 전하는 메시지의 신뢰성이 떨어지면 그 메시지는 전달되지 않는다.

고객을 설득하기 위해서는 감성을 향한 호소(파토스), 이성을 향한 호소(로고스)도 필요하지만 가장 중요한 요소가 원칙을 지키려는 태도(에토스)에 있다는 말이다.

Part 4

고객의 마음속에 둥지 트는 방법

- 휴먼 터치 제3법칙, 꿰뚫어보기

Human Touch

이제 우리도 고객들의 체험에 집중할 때다. 이 체험을 통해 자사 브랜드만의 차별화된 아이덴티티를 느낄 수 있도록 해야 한다. 고객이 모든 감각을 동원하여 다양한 경험을 할 수 있도록 기회를 준다면 고객과 상호작용하는 대화시간도 길어질 것이고 제품에 대한 고객의 감정도 깊어질 것이다.

고객 심리 연구 ❶
경험을 구입하는 사람들

고객의 조력자가 된다

지금은 연락이 끊긴 사람 중에 유독 기억에 남는 사람들이 있다. 가끔은 잊고 싶어도 뇌리를 떠나지 않는 사람이 있다. 끝난 연애 뒤에 미련이 남는 이유는 무엇일까? 시간이 흐를수록 더욱 또렷해지는 그 기억의 정체는 무엇일까?

그런 게 궁금해진 건 이 직업을 가진 뒤일 테다. 만일 기억에 각인되는 그 과정을 알 수 있다면 고객이 우리를 다시 찾고 싶게 만들 수 있지 않을까? 소비 심리학에서 '경험'이 급부상한 배경에는 '기억' 문제가 도사린다. 어떻게 해야 오래 기억될까를 연구

하다보니 자연스레 '경험'에 도달했다는 말이다. 연애 경험을 떠올려보자. 우리가 기억하는 건 선물인가, 아니면 선물과 연관된 경험인가?

어떤 선물이든 선물 자체는 긍정 기억을 만드는 좋은 경험이 되지만 그 선물을 세상에 하나밖에 없는 것으로 만들기 위해 우리는 선물에 '경험'을 추가하게 된다. 예컨대 연인이 함께 반지 제작소에 들러 직접 커플 반지를 제작한다든지 혹은 그에게 어울리는 향수를 만들기 위해 조향 체험을 신청한다. 원데이 클래스에 등록하여 같이 운동하고, 서로 옷을 골라주거나 혹은 세상에 하나뿐인 특별한 여행을 기획한다. '그저 당신이 있어서 좋아'

가 아니다. 나라는 개성과 너라는 개성이 만나서 고유한 경험을 빚는다. 나와 너 사이에서 특별함이 탄생한다.

소비 행위도 이와 유사해졌다. 고객도 경험을 통해 의미 부여된 상품을 구매한다. 그래서 단순히 상품의 정보만 알려주는 방식의 세일즈가 사라진다. 대신 조력자가 나타나서 직접 만져보고 써보게 해준다. '라이브커머스'로 실시간 소통을 하며 안감이 무엇인지, 보관을 어떻게 하는지 직간접적 체험을 제공한다. 상품이나 서비스를 대리 체험하는 유튜브 채널이 넘쳐난다. 체험이 좋아서 제품을 구매하는 형태로 소비 행위에 일대 변화가 일어난다. 상품 정보만으로 지갑을 여는 것은 구시대 소비법이다.

세일즈라는 개념에도 변화가 생긴다. 경험을 도와주는 조력의 의미가 된다. 즉, 상품 구매 과정에서 고객은 조력자(세일즈맨, 판매원, 서비스 제공자)에게 도움을 받아서 특별한 경험을 한다. 이 상품이 자신에게 필요하다는 사실을 깨닫고 누릴 수 있는 여러 장점들을 상상할 수 있을 때, 고객은 비로소 지갑을 연다. 그 구매 경험이 제품에 새로운 가치를 부여하게 되고, 그래서 나만의 상품이 된다.

나만의 상품이 된다는 말은 무엇인가? 이 말을 이해하려면 고객마다 중요하게 생각하는 가치가 다 다르다는 사실에서 출발해야 한다. 어떤 사람은 칫솔모가 가는 게 좋다. 어떤 사람은 칫솔 머리가 큰 게 좋다. 어떤 사람은 칫솔 그립감을 중시한다. 어떤 사람은 여행용 칫솔을 구한다. 어떤 사람은 물기가 잘 빠지는 칫솔을 찾는다. 어떤 사람은 칫솔 수명이 짧을수록 좋다고 느낀다. 어떤 사람은 칫솔질이 힘든 가족에게 사주기 위해 매장을 돌아보고 있다.

이렇게 칫솔이라는 물건 하나에도 해결해야 할 문제는 사람 수만큼 많다. 이런 개별적인 욕구가 충족될 때 내가 찾던 상품, 즉 '나만의 상품'이 된다. 고객과 상품을 매칭시켜주는 일, 그래서 나만의 상품이라고 느끼도록 만드는 일이 이제 조력자가 할 일이 되었다.

어느 고객이 운동복 반팔티를 만지작거리고 있다. 과거의 판매자는 이렇게 행동했다.

판매자 : 이 옷은 ○○ 소재로 땀 흡수력이 좋아요. 사이즈 어떤 거 찾으세요?
고객 : 90사이즈요.

그러나 오늘날의 조력자는 다르게 접근한다.

조력자 : 고객님, 운동 좋아하시나 봐요? 어떤 운동하실 때 착용하실
　　　　예정이세요?

고객 : 러닝할 때 입을 운동복이요.

조력자 : 혹시 주로 실내에서 러닝을 하세요? 아니면 야외에서 계획
　　　　하고 계세요?

고객 : 아침에 공원 좀 뛰려고요.

조력자 : 아, 정말 멋지시네요! 밖에서 러닝하실 때 많은 분들이 야외
　　　　니까 굳이 통기성에 대해 그렇게 중요하지 않다고 생각하시는 경
　　　　우가 많은데요. 의외로 러닝을 시작할 때, 러닝 중일 때, 러닝 후에
　　　　체감기온이 다 다르게 느껴질 거예요. 그래서 사실 더욱 중요한
　　　　게 통기성이거든요. 땀도 빠르게 흡수하고 빨리 마르다보니까 체
　　　　온 유지에 좋아서요. 자꾸 손이 가는 옷이 되더라고요.

무엇이 다른가? 판매자는 '당신이 이 옷을 입을지 버릴지 내가
알 바 아니다'라는 태도다. '파는 게' 유일한 관심사다. 반면 조력
자는 당신의 상품 경험에 관심이 많다. 그래서 묻는 게 다르다.
① 고객의 관심사나 제품 사용 환경을 먼저 파악한 뒤 ② 고객이

이 상품을 통해서 누릴 수 있는 일들을 상상할 수 있도록 간접적 경험 위주의 설명을 곁들인다. 여기까지가 조력자가 할 수 있는 일이다.

조력자의 조력 업무가 끝나면 이제 고객의 시간이다. 기대한 대로 반응을 보인 고객이라면, 고객은 조력자와 함께하는 동안 제품을 사용하고 있는 자신의 모습을 떠올려보며 상품에 의미를 부여하기 시작한다. 그 의미가 긍정적이라면 구매 확률이 높아지거나 혹은 당장 구매하지 않더라도 제품을 기억할 가능성이 커진다.

아이 물품을 구매하러 온 부모에게도 같은 접근이 가능하다. 부모가 상상하도록 한다. 장난감을 손에 쥔 아이가 즐거워하는 모습, 아이가 이 학습도구를 통해 뭔가 배우게 되는 장면, 넘어져도 다치지 않는 장면 등을 연상할 수 있도록 조력한다. 화장품 고객도 다르지 않다. 아기같은 피부, 봄꽃처럼 활짝 피어난 얼굴, 이목구비가 뚜렷해진 얼굴 등 고객이 들고 온 문제가 해결된 장면을 상상할 수 있도록 언어의 길로 안내한다.

그 언어의 길은 앞에서도 자주 만났던 내용들이다.

예시 1

"주로 어디서 사용하세요? ~과 함께 이용하시면 ~하실 수 있어서 더 잘 활용하실 거예요."

예시 2

"언제 ~을 많이 하세요? 저도 퇴근하면 집안일 생각에 벌써부터 지치거든요. 그런데 퇴근하는 도중에 애벌빨래 기능을 먼저 작동시켜 놓으면 해야 할 일이 줄어서 한시름 놓이는 거 같아요. 저와 고객님처럼 맞벌이하는 고객님들께서 많이 찾으시는 제품이에요."

예시 3

"누구와 함께 주로 이용하세요? 함께 하실 때 ~점을 활용하시면 가족 구성원 모두가 다 같이 활용하실 수 있거든요. 혼자 사용할 때보다는 훨씬 만족도가 올라가더라고요. 활용도가 높으니까 더 이득인 셈이죠."

예시 4

"전 모델은 어떤 점이 가장 마음에 드셨어요? 저도 A사 모델

같이 사용해 봤거든요? 좋더라고요. 그래서 ~기능은 당연히 있어야 하고 그 기능을 얼마나 쉽고 간편하게 활용할 수 있는지 사용방식을 놓고 더 집중해서 제품 비교를 하게 되더라고요. 사실 저희 제품 아니더라도 ○○ 기능을 보유하고 있는 제품은 너무 많잖아요. 결국 나하고 맞아야 되지 그 기능이 더 빛을 발하더라고요. ○○기능으로 ~도 해보셨어요?"

단순 정보 제공 시대는 끝났다. 할인, 프로모션, 이벤트 상품도 한계에 부딪친다. 이제는 경험의 소비 시대다. 이 시대에서 살아남으려면 고객 고유의 경험에 집중해야 한다. 라이프스타일이나 제품 사용 환경 등 사람에 따라 달라지는 니즈를 찾아야 한다. 그가 어떤 상황에서 어떤 식으로 이 제품을 쓰고 싶어 하는지 파악해야 한다. 진짜 찐 단골을 확보하고 싶다면 그들의 삶 속으로 들어가야 한다. 그럴 때 '이 직원과 소통하길 잘했어', '참 고마웠어. 도움이 되었어'라는 긍정기억이 고객에게 새겨진다.

'만지지 마세요'는 끝났다

몇 년 전 프리랜서로 전향한 후 그동안 못했던 것, 하고 싶은 것들을 위시리스트로 작성하여 다시 도전하기 시작했다. 올해 첫 목표는 스키였다. 초등학교 졸업 후 스키폴조차 잡아본 적이 없어서 처음부터 다시 배워야 하는 것 아닌가 걱정스러웠다. 그런데 신기하게도 스키부츠를 신자마자 몸이 기억을 재생시켰다. 덕분에 멋진 실력은 아니더라도 새로운 취미가 또 하나 생긴 것 같아 기뻤다.

그때 문득 든 생각. 얼마 전에 입력한 새로운 정보는 제아무리 달달 외우고 메모해도 금방 까먹는데 어떻게 25년도 족히 넘은 스키 타는 방법은 간직하고 있던 걸까?

머리로 이해하는 것보다 몸으로 경험한 것들이 오래 기억된다. 향기만 맡아도 옛 기억이 새록새록 떠오르는 것처럼 말이다. 오프라인 매장의 역할도 변하고 있다. 과거와 같이 제품을 설명하고 이해시키는 방식으로는 고객의 기억을 잡아두기 힘들다. 이제 오프라인 매장은 물건을 파는 곳에서 벗어나 고객들의 체험 공간으로 변모해야 한다.

온라인 사업으로 시작했다가 고객의 체험 욕구가 빗발치자 부랴부랴 오프라인 매장을 여는 업체들도 많아졌다. 이커머스 시대도, 언택트 서비스도 고객의 체험 욕구를 막을 수는 없었다.

체험 마케팅 전문가인 컬럼비아대학교 번트 슈미트Bernd H. Schmitt 교수는 고객 체험에 대한 이해를 높이기 위해 체험 내용을 다섯 개의 모듈로 구분해서 설명한다. 감각적 체험sense, 감성적 체험feel, 인지적 체험think, 신체적 체험act, 사회관계적 체험relate 이다.

이들 모듈은 단독적으로 쓰이지 않고, 결합되는 방식으로 쓰인다. 예를 들어 오감을 자극하여 놀람, 기쁨, 흥분, 즐거움, 기대 등의 감정을 유발하는 것은 감각적 체험과 감성적 체험이 결합된 방식이다. 이런 식으로 결합하는 과정을 통해 고객이 유의미하다고 느끼는 최종적인 목표에 이르는 게 고객 체험 과정이 된다.

설화수 플래그십 스토어가 좋은 예다. 설화수는 자음생크림을 감각적으로 체험할 수 있는 전시회를 열었다. 전시장에 입장하면 인삼 스낵과 차를 마시고 먹는 체험을 제공하는데 자연스럽게 '먹어서 좋다면 발라도 좋지 않을까?'라는 생각에 이르도록 유도한다. 이는 감각적 체험과 인지적 체험을 결합한 방식이다.

기업들이 오프라인 공간에 변화를 주는 건 이제 새로운 일이 아니다. 이들은 더 이상 매장이 파는 곳이 아님을 안다. 그저 '고객들이 좋은 기억만을 간직한 채 돌아가면 된다'라고 말한다. 당장의 매출보다 고객과의 교감을 극대화하여 기업 이미지와 인지도를 높이기 위해 체험에 목숨을 걸었다.

이제 우리도 고객들의 체험에 집중할 때다. 이 체험을 통해 자사 브랜드만의 차별화된 아이덴티티를 느낄 수 있도록 해야 한다. 고객이 모든 감각을 동원하여 다양한 경험을 할 수 있도록 기회를 준다면 고객과 상호작용하는 대화시간도 길어질 것이고 제품에 대한 고객의 감정도 깊어질 것이다.

꼭 공간을 새롭게 구성할 필요는 없다. 지금 오프라인 공간에서도 얼마든지 서비스에 변화를 주어 체험의 장이 되도록 만들 수 있다. 예컨대 옷 가게 피팅룸 사용법만 바꿔도 된다.

"운동복 하의는 주로 어떤 걸로 입으세요? 자주 착용하시는 하의와 잘 어울리는 색상으로 선택하시면 좋잖아요? 함께 입어보시겠어요?"

꼭 파는 게 목적이 아니다. 그저 피팅룸을 이용하는 고객에게 평소 입던 스타일의 옷도 함께 입도록 해주면 고객은 자기 삶과 연결하여 상상하고 비교할 수 있는 기회를 얻게 된다. '만지지 마세요'는 구시대적 발상이다. 도리어 제품을 소개하는 과정에서 '당겨보시겠어요? 접어서 입어보시겠어요? 이 상품과 교체해서 비교해보시겠어요?'처럼 새로운 경험으로 안내하는 게 이 시대의 오프라인이 처한 숙명이 되었다.

〈오감을 통한 고객 체험 유도〉

시각 : 여러 각도, 멈춤, 움직이는 상태, 전체/일부, 색상 비교, 포장상태, 사진 찍기, 거울 보기

촉각 : 두드리기, 당기기, 밀기, 만지기, 접기, 펼치기, 여러 번, 여러 부분, 손바닥, 손등, 세게, 살살

청각 : 듣기, 음악, 배경소리, 작동음, 음성, 소리, 제3자의 의견, 다른 소리 비교

후각 : 맡기, 향기, 비교, 용기 내에서, 꺼내서, 내 몸에 뿌려서, 다른 사람에게서

미각 : 먹기, 마시기, 첨가, 무첨가, 타상품 비교

의류를 판매하지만 전시회를 열고, 신발을 판매하지만 공연을 하며, 냄비를 판매하지만 쿠킹클래스를 운영하는 등 직접 체험을 통해 고객들은 해당 브랜드와 자신을 새롭고 독특하게 연결짓고, 그게 강력한 기억을 만든다. 이 브랜드는 세상사람 누구나 살 수 있는 브랜드지만 체험은 그 고객에게 하나밖에 없는 브랜드로 재탄생된다. 노출이 반복되면 친숙해지고 친숙해지면 갖고 싶은 욕구가 생긴다. 시간이 흐르면서 자연스럽게 내 삶을 구성하는 하나의 요소로 자리매김하게 된다.

지금 당장의 매출도 중요하다. 그러나 조급하면 진다. 기억에서 생존해야 최종적으로 생존할 수 있다. 몸이 기억하는 브랜드가 되도록 체험의 기회를 제공하자.

고객 심리 연구 ❷
고객은 듣고 싶어 하는 말만 듣는다

고객의 선택에 확신을 준다

어린이날 놀이 공원이나 결승전 축구장처럼 군중이 아무리 많이 모이고 주변이 시끄러워도 어디선가 내 이름이 들리면 저절로 고개가 돌아간다. 사람은 소음 장벽이 높은 곳에서도 자신에게 의미 있는 이야기를 잘 골라서 듣는다. 특정 브랜드의 제품을 좋아하는 사람이라면 혼잡한 상업지구를 걷는 중에도 해당 브랜드 간판을 더 빨리 찾아낼 가능성이 높다.

듣고 싶은 말을 골라서 듣고, 보고 싶은 것을 골라서 보는 능력이 있기 때문이다. 나에게 의미 있는 정보를 선별적으로 취사하는 현상을 심리학에서는 '칵테일파티 효과Cocktail party effect'라고 부른다. 이런 심리는 구매 과정에서도 똑같이 작동한다. 고객은 듣고 싶은 말만 들으려고 한다. 따라서 너무 많은 정보는 소음처럼 들리기 마련이다.

처음 강의를 준비할 때 나는 이런 심리를 몰랐다. 강사에게 전문성은 생명이며, 여기에 화술이 갖춰지면 충분하다고 믿었다. 그러나 많은 실패를 경험한 후 깨달았다. 청중에게는 이런 것보다 더 중요한 게 있다는 사실을.

아무리 정제된 정보라도, 아무리 일목요연한 설명이라도 청중이 듣고 싶은 내용이 아니면 따분하고 지루한 시간일 뿐이다. 지금도 많은 영업자들이 유창한 화술을 성공적인 세일즈의 모태라고 착각한다. 유창한 화술도 못 이기는 게 무관심인데 말이다. 칵테일파티 효과를 받아들인다면 내가 하고 싶은 말이 아니라 고객이 듣고 싶은 말을 해야 한다는 사실에 눈을 뜰 수 있다. 그게 넘치는 정보 속에서 고객의 시선을 끌 수 있는 유일한 방법이다.

사실, 여기까지는 그리 낯선 얘기가 아니다. 어렵지도 않다. 우리도 경험하는 일이니까. 그런데 '고객이 듣고 싶은 말'로 넘어가면 갑자기 난이도가 높아진다. 고객이 듣고 싶어 하는 말이란 게 과연 어떤 의미일까?

이 궁금증을 해소하기 위해 마트로 가보자. 마트 한편에는 수많은 생수 브랜드가 진열되어 있고, 그 앞으로 고객 한 명이 다가간다. 이 고객은 별다른 고민 없이 어떤 브랜드를 집어 든다. 왜 그 브랜드를 선택했을까? 목이 말라서는 답이 아니겠다. 그 어떤 브랜드라도 '물'이 들었다는 사실 자체는 다를 게 없으니까. 그러면 더 맛있고 더 깨끗하기 때문에 선택받은 것일까? 그게 값비싼 돈을 지불하고 피지워터를 고른 이유일까?

우리는 과학자나 의학자가 아닐뿐더러 설령 과학자나 의학자라고 하더라도 피지워터를 비교 실험할 수 있는 상황이 아니다. 최소한 우리는 제품에 대한 객관적 데이터를 갖고 구매하는 것은 아니라고 결론을 짓는 게 합리적이겠다. 더 맛있는지 더 깨끗한지 모른다는 말이다.

그럼 피지워터를 구매하기로 결정한 근거는 무엇일까? 그건 **기대** 때문이다. 기대하는 바가 있기 때문에 구입한 것이지 제품의 물리적 실체를 잘 알기 때문에 구매하는 게 아니다.

'나는 이게 깨끗한 물이라고 믿고 있고, 실제로 이 제품이 내 신념에 어긋나지 않기를 바라고 있어.' 이처럼 사람은 자신이 믿고 싶은 그것을 구입한다. 신념과 기대를 구입한다.

이제부터 비이성적인 심리적 행위가 시작된다. **고객은 자신의 선택이 옳기를 바란다.** 자기 신념이 맞기를 바란다. 설령 기대치가 어긋나더라도 자기 선택은 옳아야 한다!

예를 들어보자. 1박 이상의 여행을 계획할 때 가장 먼저 하는 건 여행지 선택이겠다. 그 다음은 숙소 찾기다. 여러 곳을 탐색했고, 한 곳이 마음에 든다. 사실 실용적인 이유에서 합격점을 받은 건 아니다. 관광지까지의 거리나 호텔 환경 등 여러 조건을 따져보면 더 나은 곳이 분명 있다. 그런데 마음이 끌리는 건 어쩔 수 없다.

찜해둔 호텔의 투숙객 후기를 찾아본다. 분명 이보다 나은 호텔이 있기 때문에 후기를 훑어볼 때는 짐짓 가벼운 마음으로 한다는 듯이 접근한다. 그러면서 은연 중 내 선택이 옳았음을 증명해주는 듯한 후기 멘트를 발견한다. 점점 심증을 굳힌다. 위치 등 여러 조건에서 열세에 놓였던 호텔은 이 과정을 거치며 조건마저 좋은 현명한 선택으로 변해간다. 내가 본 게 옳아!

실제로 연구자들은 소비자들의 이런 현상이 보편적으로 나타나고 있음을 증명했다. (연구자를 포함한) 소비자들은 구매결정 이후에 해당 제품의 광고를 더욱 많이 본다! 왜? 내 선택이 옳았다는 증거를 수집하기 위해서. 다른 언어로 바꾸어 말하면 **'자기합**

리화'가 이루어지는 것이다.

여기까지 오면 우리는 악마의 속삭임을 듣게 된다. '어라? 소비자 심리가 이래? 그렇다면 속이기 딱 좋겠네. 일단 믿게 만들면 되잖아?' 그러나 위험한 발상이다. 실제의 물건보다 더 높은 기대치를 갖도록 하여 구매를 유도하는 건 당장은 성과를 높일 수 있는 방법일지도 모른다. 하지만 중장기적으로 보면 고객의 불만을 가중시키고 신뢰를 떨어뜨린다.

사실, 이 문제는 사장 차원에서 고민하고 접근해야 될 일처럼 보인다. 그렇지만 현장에 있는 우리 조력자들이 이런 심리를 활용할 수 있는 방법이 있다. 고객이 구매를 결정한 직후가 바로 그때다. 구매를 결정한 고객은 지금 이런 심리 상태다.

'나, 잘 고른 거 맞을까? 맞겠지? 맞아야 해.'

이때 조력자가 나선다.

"좋은 상품 구매하신 것을 축하드립니다."

"맛있게 드세요."

"후회하지 않으실 거예요."

꼭 어떤 특정 멘트일 필요는 없겠다. 핵심은 이렇다. 좋은 구매 결정이었음을 표현하여 고객의 확신을 높여주는 것. 사후에 구매 고객에게 다시 연락을 취해 제품 이상 유무를 재차 확인하는 것도 고객의 확신을 높여주는 좋은 서비스가 될 수 있다. 이렇게 구매에 대한 확신을 심어주어야 신념과 기대를 구입하는 고객과 소통의 첫걸음을 딛게 된다.

고객 심리 연구 ❸
고객이 뭘 듣고 싶어 하는지 어떻게 알지?

고객의 취향 변화를 연구한다

대전제가 있다. "사람은 거기서 거기지." 이 대전제에 따르면 내가 좋아하는 것은 남도 좋아한다. 그런 관점에서 고객이 듣고 싶어 하는 말을 찾아보면 어떨까? 마침 배고픈 사람이 있다.

"진갈색의 콩이 살아 있는 토종 된장을 풀어 투박하게 감자를 썰어 넣은 뒤 걸쭉하게 팔팔 끓인 국물이 나는 좋다. 구수한 맛에 더해 청량고추를 송송 썰어 넣으면 얼큰하고 맛있는 된장찌개가 완성된다. 식은 흰쌀밥을 슥슥 비벼 잘 익은 총각김치랑 같이 먹으면 꿀맛이겠다"라고 생각할 수도 있다. 만일 고객이 나처럼 된장찌개를 좋아한다면 이 글을 읽으며 군침이 돌겠지만 '죽어도 김치찌개'를 외치는 사람이라면 별 감흥이 없겠다.

사실, 마케팅이나 세일즈 기법의 발달은 **개인의 취향 발달**과 궤를 같이한다. 과거에는 개인의 취향이 무시될 만큼 획일적인 소비가 가능했으나 지금은 그게 말이 되나? 사회가 발달할수록 상품의 가짓수가 증가하는 건 취향도 그만큼 천차만별이라는 얘기 아닌가?

우리는 앞서 고객은 자신이 듣고 싶은 것만을 듣는다는 사실을 함께 살펴보았다. 그런데 고객이 다 제각각이라면 어떻게 접근하는 게 옳을까? 고객에 대한 아무런 정보가 없는데 말이다. 좋다. 아무 정보가 없다면 모든 정보로 접근하면 어떨까? 일명 '하나만 걸려라' 전법이다. 그래서 무작정 장점에 장점을 얹어서 설명한다. '어쨌든 하나는 걸리겠지'라는 생각에 회사에서 마련한 혜택을 줄줄이 나열한다. 그런데 이런 장점 나열식 설명은 마치 이런 느낌을 준다.

"오늘은 다소 흐렸다가 맑았다가 한때 비가 내릴 예정입니다."

음, 어쩌라는 거지? 그래서 오늘 외출을 해야 돼, 말아야 돼? 낚싯대를 수십 개 걸어놓고 '하나만 물자'라는 심보로 앉아 있는 낚시꾼은 절대 고객의 선택을 받지 못한다. 사기꾼처럼 보이기 때문이다.

고객이 구매를 결정하는 이유는 다 다르다. 어떨 때는 배송비가 싸다는 이유로 구매를 결정하고 어떤 때는 비싸지만 빨리 배송된다는 말에 구매 버튼을 누르기도 한다. 이왕이면 사회적 공헌을 하는 기업의 상품을 구매하는 사람도 있고, 건강을 위해서라면 성분 함량이 더 높은 비싼 제품에 기꺼이 지갑을 여는 사람도 있다. 이 많은 고객 유형을 어떻게 간파하고 범위를 좁혀 가는지가 관건이 되겠다.

고객 유형을 좁힐 수 있는 힌트를 찾아보자. EY 미래 소비자 지수EY Future Consumer Index 보고서는 소비자가 어떤 가치에 우선하여 최종 구매를 결정하는지 연구하여 소비자를 총 5가지로 분류했다. 다시 말해, 경우의 수를 5가지로 줄여서 접근할 수 있다는 말이다. 하나씩 살펴보자.

■ 가격 우선(Affordability)

가격을 우선시하는 고객이다. 당연히 가격경쟁력을 어필하는 게 핵심이 되겠다. 단순히 '싸다'가 답이 아니다. 가성비가 우수하다는 것을 어필하고 저가형이나 기본형 상품에 대한 강점과 할인, 이벤트로 지출을 아낄 수 있다는 점을 강조한다. 낱개로 소분하여 판매하는 것이 좋다.

추천 멘트 "고객님, 이번 추가 할인으로 첫 방문과 신년 이벤트 혜택 적용 받아 (얼마)에 가입 가능합니다. 무지 좋은 가격에 받으시는 거예요."

추천 멘트 "이 제품은 기본형으로 선택하셔도 충분합니다. 다른 옵션 기능이 추가되어 있는 제품은 세밀한 작업이 필요한 전문가에게 적합하고 일반적으로 집에서 간편히 사용하시는 분들께는 기본형으로 추천해드립니다."

❷ 건강 우선(Health)

안전한 상품을 선호하고, 건강에 관심이 많아 관련 제품 구매에 돈을 아끼지 않는 유형이다. 코로나19 영향으로 과거 중장년층을 타깃으로 어필하던 건강, 운동, 레저 관련 요소가 젊은 세대까지 확대되었다. 또한 신체뿐 아니라 심리적 건강까지 챙기려는 고객도 증가하는 만큼 건강에 이로운 정보를 함께 제공하면 좋다.

추천 멘트 "고객님, 제품을 선택하실 때는 무엇보다 원료를 꼼꼼히 체크하셔야 해요. 같은 천연 원료를 사용했는지 꼭 확인해주세요. 저희 제품은 화학용매를 전혀 사용하지 않는 방식의 공법으로 원료를 추출해 고순도의 성분을 섭취할 수 있어요."

추천 멘트 "고객님, 요즘 같은 코로나 시기에 무엇보다 중요한 게 면역력이잖아요. 면역력을 높이려고 섭취하는 방식을 택하는 분들이 많은데 림프 순환이 활발해져야 체내 면역 작용이 잘되는 거 알고 계세요? 오히려 요즘 같은 시대에 관리를 더 많이 받으시더라고요."

❸ 환경 우선(Planet)

친환경, 동물보호를 위한 상품에 더 많은 비용을 지출하는 유형이다. 자연을 보전하며 환경오염을 줄이고, 자원을 아껴 쓰는 소비자가 많아졌다. 이런 고객은 오래 사용하고, 아껴 사용할 수 있는 방법이나 공유하고 재사용하는 방법에 가치를 두는 경우가 많다. 식물 상품의 경우, 지속가능한 재배 환경인지 살피고 동물성 원료나 동물실험 제로 업체인지도 따진다. 자원보전, 기후변화, 지구온난화, 동물복지 등 환경보전에 큰 가치를 부여한다.

추천 멘트 "고객님, 환경을 사랑하신다면 동물성 원료인 계란 대신 식물성 원료인 두유로 만든 친환경 상품을 선택하세요. 칼로리와 지방 함량이 적어 콜레스테롤이 없고 고소한 맛과 부드러운 식감이 일품입니다. 드셔보시겠어요?"

　　추천 멘트 "고객님, 저희 상품의 포장재가 많이 단조롭지요? 저희 제품은 불필요한 일회용 플라스틱 사용이나 과잉포장을 하지 않고 건강한 제품뿐 아니라 건강한 환경이라는 윤리적 가치를 실천하고 있습니다. 함께 동참해주시겠어요?"

❹ 사회 우선(Society)

　　윤리적 소비를 실천하려는 고객이 많아지고 있다. 공공의 이익을 위해 소비 방식을 기꺼이 바꾸는 소비자다. 이들은 고령자나 장애인, 취약계층을 지원하거나 혹은 공정무역을 선포하고 실천하는 사회적 기업의 상품을 구매한다.

　　이런 소비를 통해 이들은 사회 문제 해결에 직간접적으로 동참했다는 자기만족감을 갖게 되고, 이런 소비 행위를 독려하고 가치를 공유한다. 반대로 사회적 물의를 일으키거나 비윤리적 경영을 일삼는 기업에 대해서는 기꺼이 불매운동도 벌인다.

　　추천 멘트 "고객님, 저희 제품은 전체 매출액 가운데 최소한의 운영 유지비를 제외한 금액을 기부사업에 사용하고 있습니다."
　　추천 멘트 "고객님, 저희 제품은 예쁜데 착하기까지 합니다. 저희 제품은 1개를 구매하실 때마다 개발도상국 어린아이 1명에게 일일 식수를 제공하며 2개를 구매하시면 예방접종까지 맞을 수 있습니다."

⑤ 경험 우선(Experience)

개인의 만족을 위해, 내 삶의 질을 높이기 위해 소비하는 유형이다. 생활의 편의성과 만족감, 즐거움 같은 심리적 효용이 크다면 비싸도 구매한다. 소유보다는 경험에 가치를 둔다. 물질적인 구매에만 가치를 두는 것이 아니라 체험과 시간을 중시한다.

추천 멘트 "고객님, 구독서비스를 이용하시면 고가의 상품을 합리적인 가격으로 경험해볼 수 있습니다. 사용하시다 만족하시는 경우 구독 기간을 연장하여 사용하셔도 되고 불만족시 다른 브랜드로 교체해서 경험하실 수 있습니다."

추천 멘트 "고객님, 캐시미어라도 프리미엄 원단의 차이가 분명히 존재합니다. 에르메네질도 제냐 원단은 세계에서 손꼽히는 고급 원단으로 원사 수급부터 완제품 제작까지 모두 이탈리아 현지에서 이뤄집니다. 안감이나 단추 여분을 담는 부자재 모두 이탈리아산으로 제작되었어요. 하나를 사더라도 좋은 상품을 사는 것을 추천 드려요."

    누구나 매일 무언가를 구매하고 사용한다. 생존을 위해서든 과시를 위해서든 문제 해결을 위해서든 저마다의 욕망을 충족시키기 위한 소비를 한다. 소비를 통해 자신의 가치관과 신념을 드러내고, 가격이 좀 나가거나 품질이 다소 낮더라도 자신의 목적에 맞다고 생각되면 기꺼이 지갑을 연다.

    지금 우리 앞에 나타난 고객은 과연 어떤 목적을 갖고 있는 것일까? 우리 브랜드는 어떤 유형의 소비가 가능한 곳일까? 서서히 포위망을 좁혀서 고객의 본심에 다가설 수 있는 사람이 승자다.

고객 심리 연구 ❹
고객은 누구를 더 믿을까?

단점을 인정하라

믿는 걸 구입한다고 했다. 신념을 구매한다고 했다. 그렇다면 믿도록 만들어야 하지 않을까?

여기 위기에 처한 햄버거 가게가 있다. 프랑스 맥도날드다. 당시 프랑스 사회는 패스트푸드 때리기로 연일 뜨거웠다. '패스트푸드가 소아비만의 원인이다'라는 연구 결과가 속속들이 발표되던 때다. 사회적 비판이 거셌다. 이 위기 상황에서 프랑스 맥도날드는 감히 상상할 수 없는 파격적인 광고를 선보인다.

"햄버거는 일주일에 한 번 이상 드시면 몸에 해롭습니다."

그들의 광고 문안이다. 미친 거 아닌가? 이런 셀프디스적인 문구는 어떤 결과를 만들었을까? 광고처럼 고객들은 방문 횟수를 줄였을까? 결과는 정반대였다. 심지어 타 매장 고객들까지 맥도날드를 찾았다. 단점을 노출한 반전 광고가 '이왕이면 맥도날드'라는 인식을 만들었다. 광고가 한창일 무렵, 프랑스 맥도날드는 유럽지사 가운데 최고의 매출을 달성하기도 했다.

폭스바겐이 미국 시장을 기웃거리던 때다. 그들도 셀프디스 광고를 냈다.

"불량이 생겨 판매하지 않겠습니다."

이 문구는 호기심을 자극했다. 사람들은 도대체 무슨 불량이길래 판매를 중지할까 궁금했다. 그런데 알고 보니 자동차 성능에는 전혀 영향이 없는 아주 작은 흠이 글러브 박스에서 발견되었다. 사태가 급변했다. 폭스바겐은 '아주 작은 것도 꼼꼼하게 검수하는 기업'이 되었다. 해당 광고가 게재된 그 해 폭스바겐은 미국 진출 이래 최대 매출을 달성했다.

아마 폭스바겐이 하고 싶었던 말은 이런 것이었을 테다. '우리는 최고다, 우리는 꼼꼼하다, 우리는 검수를 잘한다.' 그런데 그렇게 광고한다고 사람들이 진짜 믿을까? 고객이 청개구리 심보라는 걸 잘 모르나? 오히려 '우리가 최고다'라고 말하면 고객들은 '이 제품, 의심스러운데?'라는 반응을 일으킨다. 자기 자랑만하는 사람은 뭔가 구린 게 있을 수 있다는 사회 경험 때문이다.

햄버거가 몸에 좋을 리 없다는 걸 사람들은 알고 있었다. 차에는 크고 작은 결함들이 있다는 걸 사람들은 알고 있었다. 그리고이 두 업체는 그런 신념을 깨뜨린다는 게 얼마나 힘든 일인지 더잘 알고 있었다. 그래서 고객의 신념에 도전하지 않고, 도리어 그신념에 부합한 형태로 광고를 낸 것이다.

"여러분이 그렇다고 생각하고 계신 거, 저희도 똑같이 그렇게 생각합니다. 그게 저희의 출발점입니다." 그런데 이런 접근은 맥도날드나 폭스바겐처럼 거대 기업만 할 수 있는 건 아니다.

나는 딱딱한 털복숭아를 사랑한다. 그런데 나의 애정 1호 딱딱이 복숭아는 1년에 딱 한 철밖에 먹을 수 없다. 그래서 비싸더라도 최고를 먹어야 한다는 철학을 고수한다. 대형마트보다는 농가와 직거래를 선호하는 편인데 인터넷으로 후기를 비교한 끝에 한 농가에 주문을 넣었다. 다음날 그 농가로부터 전화가 왔다.

"저희 상품 주문해주셔서 감사합니다. 정말 죄송하게도 이번 주문 건은 제가 취소를 해드려야 할 것 같아요. 특히나 가장 비싼 상품을 주문해주셨는데요. 요 근래 비가 많이 와서 복숭아 당도가 조금 떨어졌어요. 다음에 제가 정말 복숭아 상태 좋을 때 문자 연락을 드려도 괜찮을까요?" 분명 문제 있어서 못 판다는 전화인데 나는 왜 이리 그 말이 믿음직했을까?

"환불하지 마시고 복숭아 상태 좋을 때, 그때 배송해주세요. 저 기다릴게요."

그리고 부모님과 동생들 것까지 3박스를 추가 주문했다. 벌써 4년 전 일인데 난 아직도 그 농가에서만 복숭아를 받아먹고 있고, 주위 사람들에게도 농가 번호를 공유한다.

미용실에서도 같은 상황에 부딪친다. 보통 '이거랑 저거 추가 하시면 더 할인된 가격으로 해드릴게요'라는 제안을 가장 많이 받게 된다. 그런데 이렇게 말하는 곳도 있다.

"두 가지 다 한꺼번에 하시면 머리 상하니까 염색이나 파마 중

하나만 하세요."

　이 미용사에게는 왠지 모를 신뢰감이 든다. 고객에게 신뢰를 얻고 싶다면 고객이 문제를 알아차리기 전에 먼저 문제를 꺼내는 게 좋다. 당장의 매출에 눈이 멀어 문제를 무시하거나 숨기지 말고 문제를 인정하고 어떻게 해결할 것인지 제안할 수 있을 때 신뢰가 생긴다.

　문제에 대한 정직한 태도가 신뢰를 만든다는 이 경험적 법칙은, 실제의 심리 연구에서도 확인된다. 다음은 미국에서 이루어진 심리 실험의 보기인데 4종류의 사람 중에 어떤 사람이 가장 비호감이고, 어떤 사람이 가장 호감인지 묻고 있다. 추론에 도움이 되기 위해 비호감 1등으로 꼽힌 사람을 알려준다면 2번, 실력이 부족하면서 가끔 실수를 저지른 사람이었다. 그렇다면 호감 1등은 어떤 부류였을까?

① 실력이 부족한 사람
② 실력이 부족하면서 가끔 실수를 저지른 사람
③ 실력이 뛰어난 사람
④ 실력이 뛰어나면서 가끔 실수를 저지른 사람

3번 실력이 뛰어난 사람일까? 그런데 결과는 다소 의외다. 4번 실력이 뛰어나면서 가끔 실수를 저지른 사람이 가장 호감을 얻었다.

심리학에서 '흠집 효과'라고 부르는 것으로, 누군가 자신의 약점을 인정하면 오히려 정직하고 진정성을 높게 평가하는 경향이 있다. 흠집 효과는 단순한 일반 심리에 불과한 게 아니고, 역사적으로 진실을 판단하는 중요한 잣대가 되어 왔다.

자신이 살아온 역사를 기록한 것을 자서전이라고 하는데 이 자서전 중에는 '고백'이라는 단어를 달고 있는 책들이 종종 눈에 띈다. 돌아보면 후회되는 실수가 있다는 말이고, 그런 내용을 담았을 때 독자들이 진실하다고 인정한다는 얘기겠다.

흠집 효과는 심지어 사실인지 아닌지를 다투는 법정에서도 활용된다. 판사들은 '자신에게 불리한 증언'을 한 증인의 말을 상대적으로 신뢰하는 것으로 알려져 있다. 최근 취업에 도입된 AI 역량평가와 면접에서도 구직자가 자신의 단점을 솔직히 드러낼 때 더욱 진실한 것으로 본다는 평가도 있다.

고백이나 자백, 혹은 단점 노출이나 잘못 인정 등 뭐라고 부르든 상관없이 상품의 약점을 가감 없이 드러냈을 때 고객은 의심을 멈춘다. 사실 그 어떤 상품이나 서비스가 완벽할 수 있겠는가?

부족한 게 뻔히 보이는데 감추는 건 답이 아니다. 무조건적인 장점 나열보다는 '고객님, 이 상품은 디자인이 좀 단조로워요. 내구성에 집중하다보니 디자인이 좀 부족한 부분이 있습니다'처럼 솔직하게 임하는 게 좋다. 당장의 매출만 내세우는 것보다는 '고객님, 아직 괜찮아 보이는데 조금 더 이용하시다가 교체하시는 건 어떠세요?'처럼 양심이 시키는 대로 응대하는 게 최선이다.

단점 노출 시 주의사항

단점을 노출할 때 피해야 할 게 있다.

첫째, 단점만 노출하는 것. 만일 단점만 있는 상품과 서비스라면 판매 목록에서 과감히 삭제해야 한다.

둘째, 단점을 마지막에 노출하는 것. 단점을 마지막에 이야기하면 부정적 잔상을 만든다. 따라서 단점을 노출한 후에 더 좋은 대안이나 장점으로 마무리하는 게 필요하다. 예를 들어 고객이 내일 오전에 애프터서비스를 받고 싶은데 예약이 꽉 찬 경우에 어떻게 응대하는 게 좋을까?

① 고객님, 죄송합니다만 내일 고장 수리 기사님 방문이 가능하지만 시간 예약은 어렵습니다.

② 고객님, 내일 오전에 수리 요청해주셨는데요. 내일 수리 받으시려면 시간대 예약이 어렵지만 2일 후로 접수 도와드리면 고객님께서 원하시는 오전대 수리를 도와드릴 수 있을 것 같은데 어떻게 접수 도와드릴까요?

당연히 2번처럼 해야 한다. 1번처럼 '어렵다'라고 말하고 끝나면 고객은 어떻게 할까? 대부분의 경우 신속한 처리를 원하기 때문에 하루 종일 기다리더라도 그 다음날 서비스를 선택할 가능성이 높아진다. 덧붙여서, 2번처럼 응대한 뒤 상담원은 추가적인 멘트로 긍정적인 마무리를 할 수 있다.

"혹시 기사님 예약 스케줄에 변동이 생기게 되면 고객님 댁에 최대한 빨리 방문하실 수 있도록 메모 전달 함께 해놓겠습니다. 이해해주셔서 감사합니다."

핵심 구조는 이렇다. 단점을 미리 노출하고 대안을 선택적으로 제안해 고객이 최선의 선택을 했다고 스스로 확신할 수 있도록 돕는 것. 이렇게 하면 오히려 단점이 강점으로 인식될 수 있는 기회가 생긴다.

이 구조를 적용한 예시를 하나 더 살펴보자. (조리시간이 오래 걸리는 경우) "고객님, 주문하신 음식은 주문 즉시 조리해서 바로 오븐에 굽기 때문에 미리 만들어져 있는 음식보다 조리 시간이 다소 걸립니다. 맛있게 드실 수 있도록 조리 끝나자마자 가져다드릴 텐데요. 식전 음식을 미리 가져다드리는 게 좋을까요? 조금 기다리셨다가 메인 음식과 간격이 많이 나지 않게 가져다드리는 게 좋을까요?"

한편 고객이 먼저 제품에 대한 단점이나 이견을 알아차렸다면 어떻게 할까? 그때는 절대 부정하지 않는다. 고객의 말이나 태도가 어떠하든, 인정이 우선이다.

"그렇게 생각하실 수 있습니다."

"고객님, 일전에 다른 고객님께서도 같은 말씀을 해주셨어요."

직원의 반론이나 방어를 예상했던 고객은 공감과 인정의 태도로 나오는 모습을 보면 일단 그 태도를 신뢰하게 된다.

고객 심리 연구 ❺
판매와 직결된 숫자의 심리학

고객 만족을 불러오는 프레이밍 효과

600명의 목숨이 내 손에 달렸다. 선택지는 다음처럼 A와 B 두 가지. 당신이라면 무엇을 선택하겠는가?

A : 200명의 목숨을 무조건 구할 수 있다.
B : 600명의 목숨을 전부 구할 확률이 3분의 1, 모두 사망할 확률은 3분의 2이다.

600명 모두 살리는 방안은 B밖에 없지만 확률이 3분의 1에 불과하다. 자칫 모두 사망하는 결과로 이어지면 그 죄책감을 어떻게 짊어질까? 그런 생각 끝에 많은 사람들이 A안을 선택했다. 그런데 선택지의 표현을 조금 바꿔서 새로운 그룹의 사람들에게 보여주었다. 역시 A를 선택했을까?

A : 400명이 무조건 죽는다.

B : 아무도 죽지 않을 확률이 3분의 1, 600명이 사망할 확률이 3분의 2이다.

이번엔 달랐다. B를 택한 사람들이 우세했다. 무엇 때문일까? 달라진 건 말밖에 없는데. 처음 읽게 되는 문장의 차이가 가장 큰데 '400명이 죽는다'라는 표현이 A를 선택하길 꺼리도록 만든 것으로 보인다.

이처럼 내용은 다를 게 없지만 표현 혹은 강조점이 달라지는 경우에 사람들의 선택이 달라지는 효과를 '프레이밍 효과Framing effect'라고 부른다. 다른 말로, 구조화 효과 혹은 틀짜기 효과라고도 한다. 프레이밍 효과는 일상뿐 아니라 마케팅에서도 매우 폭넓게 사용된다. 다만, 마케팅에서 쓰이는 프레이밍 효과는 일부 내용에서도 약간의 차이가 있다는 점이 조금 다르다.

지난 휴가 때 잠깐 머리 식힐 겸 1박 2일로 여행을 다녀오려고

계획했다. 예약하려고 보니까 '2박 이상 투숙 시 추가 1박 무료'
란다. 그 덕에 계획에도 없던 3박 4일 여행을 떠났다. 비록 돈은
더 썼지만 아주 만족스러웠던 기억이다. 이 역시 프레이밍 효과
다. 구체적으로는 인하적 프레이밍Price-off framing 효과'라고 부르
는데 아주 흔한 마케팅 기법이다.

　숫자 마케팅도 프레이밍 효과 가운데 하나다.

　상품은 같은데 가격이 19,900원짜리와 20,000원짜리가 있다.
숫자를 비교하면 당연히 19,900원이 100원 싸다. 그런데 100원
아끼자고 19,900원짜리 상품을 구입하는 것일까? 그렇게 생각하
면 곤란하다. 사람들은 100원 싸게 사는 게 목적이 아니다. 앞자
리가 작은 숫자, 뭔가 할인된 것 같은 느낌을 주는 숫자 99를 혜
택이라고 느끼기 때문에 19,900원을 선택한다.

　이런 게 진짜 효과가 있는지 의심스러울 수도 있겠다. 이 숫자
프레이밍에 반기를 든 상점도 나타났다. 한때 세계 최대 크기의
매장을 보유했던 미국 메이시스 백화점과 미국의 대표적인 백화
점 체인인 J.C. 페니가 정직한 가격 정책을 선언했다.

　"우리는 쿠폰제도나 0.99달러 같은 꼼수를 쓰지 않고 정직한
가격으로 판매하겠다."

어떻게 되었을까? 얄팍한 숫자 마케팅 따위가 아니라 좋은 제품, 좋은 품질로 승부하겠다는 그들의 선언은 대실패로 막을 내렸다. 고객은 싸서 사는 게 아니라 싸다는 느낌을 사고 싶어 한다.

아마도 '100원이든 0.01달러든 약간이라도 싸게 파니까 팔리는 게 아닐까'라고 생각할지 모르겠다. 그렇다면 내용은 완전히 똑같고, 표현이 다른 경우를 보면 될 것 같다. 다음 두 가지 경우에 고객은 어떤 게 혜택이라고 느낄까?

A : 5,000원에서 3,000원으로 할인해드릴게요.

B : 5,000원에서 40% 할인해드릴게요.

(* 참고로 A와 B를 모두 알려주는 게 아니고, 둘 중에 하나만 알려준다.)

계산해보면 결국 같은 말이다. 하지만 체감이 다르다. 어떤 게 더 저렴하게 느껴지는가? 40% 할인이 더 많이 깎아주는 것 같지 않은가? 계산을 마친 최종금액과 원래 가격만 비교해서 제시했을 때보다 할인율로 소개할 때 체감 만족도가 더 커진다.

숫자와 관련해서 기억할 만한 이론이 있다. 전망이론Prospect theory이라고 불리는 것으로, 이익보다 손실에 더 크게 반응하는 심리를 설명하는 학설이다.

예컨대 휴대폰 매장에서 이런 심리를 가진 고객들을 종종 만난다. 고객은 새로운 기종의 휴대폰이 갖고 싶어서 매장을 방문했는데 막상 지갑을 못 연다. 아직 쓰고 있는 핸드폰이 멀쩡하기 때문이다. 100만 원 주고 산 핸드폰인데 아직 40만~50만 원밖에 쓰지 않은 것 같다. 남은 50만~60만 원어치가 너무 아깝다. 이게 고객이 느끼고 있는 손실이다.

그래서 휴대폰 매장은 고객이 느끼는 손실을 최소화할 수 있는 방안을 마련했다. 바로 중고기기 보상판매 전략이다.

'그거 우리가 돈 주고 살게, 너는 손해가 전혀 없어.'

보상판매는 손실을 가려주는 효과가 있다. 이제 망설일 이유가 없다.

이 이론에 따르면 우리는 고객의 이익은 자꾸 알려주고, 손실은 최소한으로 느끼도록 해야 한다는 결론에 도달한다. 이를 한 단계 더 진전시키면 다음처럼 원칙을 정립시킬 수 있다.

① 고객이 얻을 이익이 손실보다 클 때는 나눠서 말한다.
② 고객이 얻을 손실이 이익보다 클 때는 합쳐서 말한다.

예컨대 20% 할인이 들어가는 상품이 있다고 해보자. 20% 할인은 고객에게 '이익'이다. 이때 일반적인 세일즈라면 이렇게 말한다.

"20% 할인 판매하고 있습니다."

너무 당연해서 너무 평범한 멘트다. 반면 영업에 감이 좋은 사람들은 이렇게 표현한다.

"10% 판촉할인에, 10% 추가 특별고객 할인 포함해서 총 20% 해드릴게요."

20%라는 이익을 어떻게 했는가? 둘로 나누어서 이중으로 이익을 보는 것처럼 소개한다. 충분히 강조가 되었고, 그만큼 구미도 당긴다. 이 원리에 따르면, 부모님께 용돈을 드릴 때도 100만 원을 한꺼번에 드리는 것보다 50만 원씩 나눠서 두 번에 걸쳐 드리는 게 좋다는 것을 알 수 있다. 부모님은 두 배로 기뻐하실 것 같다.

반면 손실이라고 느껴지는 것은 합한다. 두 달에 걸쳐 연체금이 10만 원이 나왔다고 가정해보자. 이때 '지난달 5만 원, 이번 달 5만 원 해서 10만 원입니다'라고 손실을 두 차례 걸쳐 강조해서 말하면 고객은 불만족에 이를 가능성이 높아진다. 이럴 땐 그냥 짧게 합해서 알리는 게 좋다.

"연체금 10만 원입니다."

숫자 마케팅은 할인을 더 해줘야 한다는 전략이 아니다. 할인이든 1 + 1이든 어떤 식이든 마케팅 전략을 세운 뒤에, 이를 고객에게 전달하는 방식에서 조금 더 소비자 심리를 파고들자는 의미다. 특히 고객이 이익을 더 이익답게 느끼도록 하고, 손실을 최소한으로 느끼도록 하는 게 숫자 마케팅의 핵심적 목표가 된다.

고객 심리 연구 ❻
고객의 기억력이 절정에 이르는 순간을 공략한다

피크 효과가 있는 맞춤 서비스 전략

우수 고객서비스의 대가 디즈니랜드 이야기다. 디즈니랜드 마케팅팀은 디즈니랜드에 놀러온 가족 단위 손님들에게 매시간 문자를 발송했다(수신자는 아이들이 아닌 부모). 뭘 했는지, 만족도는 어떤지 조사하는 내용이었다. 만족도는 1부터 10까지 숫자로 표기할 수 있었고, 만족도가 높으면 큰 숫자를 적도록 했다. 다음은 어느 가족이 보낸 예시 답변이다.

오전

09시 : 애들은 들떠 있고 나는 정신이 하나도 없는 상태로 호텔에서

빠져나왔다. (6점)

10시 : '작은 세상'이라는 놀이기구를 탔다. '이런 걸 다 좋아하다니, 애들은 애들인가 보다'라고 하면서 지겹지만 꾹 참았다. (5점)

11시 : '스페이스 마운틴'이라는 롤러코스터를 탔는데 애들이 무지 신나서 한 번 더 타자고 졸랐고 나도 너무 짜릿해서 도파민이 상승하는 것 같았다. (10점)

오후

12시 : 디즈니랜드에서 사먹는 음식은 너무 비싸다. (5점)

01시 : 기온이 35도에 육박할 만큼 푹푹 찌는데 사람까지 붐볐다. 45분 동안 뙤약볕에 기다렸는데 아이들도 힘들어했다. (3점)

02시 : 디즈니랜드를 빠져나오면서 미키마우스 귀가 달린 모자를 샀는데 애들도 엄청 좋아하고 너무 귀여웠다. (8점)

이 가족의 만족도는 몇 점일까? 평균을 따져보니 6.1점이었다. 천하의 디즈니랜드치고는 박한 점수 같다. 그런데 여기서 끝이 아니었다. 몇 주 뒤 디즈니랜드 마케팅팀은 다시 문자를 보냈다. 이번에는 전반적인 평가를 요청했다. 과연 만족도는 어느 정도였을까? 평균값인 6.1에 수렴하는 숫자였을까? 하지만 결과는 달랐다. 나중 설문에서는 무려 9점이 나왔다.

왜 이런 일이 생겼을까? 많은 심리 연구결과가 공통적으로 지적하는 내용에 따르면 사람은 과거의 경험을 기억할 때 대부분의 사건을 무시하고 몇몇 특정한 순간만을 떠올린다. 특히 두 가지의 순간을 두드러지게 기억하는데 바로 가장 결정적인 순간과 마지막 순간이다.

① 결정적인 순간
② 마지막 순간

사실일까? 디즈니랜드 설문으로 다시 돌아가 보자. 위 답변에서 결정적 순간은 오전 11시에 경험한 롤러코스터였다. 점수는 10점이다. 마지막 순간은 오후 2시에 경험한 미키마우스 모자였다. 점수는 8점이다. 이 두 점수의 평균값은 9점으로, 나중 설문 평균값인 9점과 같다.

이러한 디즈니랜드의 설문 연구는 결정적인 순간과 마지막 순간을 기억하는 소비자 심리를 너무 잘 보여준다. 심리학에서는 이를 '피크엔드 법칙/효과Peak-End Rule/effect'라고 부른다. 일종의 인지 편견으로, 인간이 자신이 겪은 일에 대해 감정의 절정과 그 경험이 끝났을 때의 일로 경험의 전체를 판단하는 사고방식이다.

우리 일상에도 피크엔드 효과를 노리는 서비스는 많다. 어린이 병원의 대기실이나 치료실에 가보면 놀이방처럼 인형이나 장난감을 비치하고 모니터로 만화를 보여준다. 부정적 피크의 순간을 긍정적으로 만들기 위한 전략으로, 무서운 곳, 아픈 곳, 불안한 곳이 아닌 즐거운 곳으로 기억되기를 바라는 마음에서 제공하는 서비스다. 병원뿐인가? 서점에는 독서 테이블이 마련되어 있다. 백화점에는 남성들이 쉴 수 있는 공간이 제공된다. 명품숍에 카페가 들어서고, 전시회가 열린다.

코스트코의 핫도그 판매는 피크와 엔드가 결합된 마케팅 전략이다. 코스트코 푸드코트에서 판매하는 핫도그는 말도 안 되게 싸고 맛있다. 쇼핑이 다 끝난 뒤에 만날 수 있도록 설계했기 때문에 '나 오늘 쇼핑 정말 잘했다!'라는 즐거운 경험을 선사한다.

코스트코 핫도그 같은 판매 전략이 아니어도 피크와 엔드를 만들 수 있다. 회사 차원이 아니라 직원 개개인 차원에서도 얼마든지 접근이 가능하다. 예컨대 고객응대 과정에서 고객이 즐거운 경험을 할 수 있도록 적극적으로 체험을 유도하면서 이렇게 설명하는 것도 한 가지 예다.

"고객님, 이거 너무 신기하죠? 이번에 새로 나왔는데 한번 눌러보세요. 요즘 나오는 최신 상품은 이렇게 바뀌더라고요. 구매하지 않으시더라도 이번 기회에 사용방법 배워보시는 거 어떠세요?"

이런 멘트와 응대는 구매 자체가 목적이 아니다. 단지 고객이 '내가 도움을 받았다, 정보를 얻었다'라는 경험을 하도록 유도하기만 해도 성공이다.

사실 고객 선호도를 파악하여 상담이나 컨설팅을 진행하는 것도 모두 피크엔드 효과를 노리는 것이다. 고객 입장에서는 개별 맞춤 서비스를 받았다는 것만으로도 피크 효과가 될 수 있기 때문이다. 간단한 맞춤 서비스를 제공하는 것만으로도 다른 브랜드와 차별화할 수 있다.

따라서 그냥 '우리 가게 갈비찜이 제일 맛있어요'라고 소개하지 말고 '고객님, 육류 좋아하세요, 해산물 좋아하세요?'처럼 메뉴 이전 단계에서 고객 선호도를 물으면 응대 과정 자체가 신선한 경험이 된다.

고객의 특징이나 장점을 파악해서 칭찬하는 것도 좋은 방법이다.

"고객님, 키가 다른 분들에 비해 크셔서 모델처럼 잘 어울리시는 것 같아요. 옷이 고객님을 살리는 게 아니라 고객님이 저희 상품을 살리시는 것 같아요. 피팅한 사진 하나 남겨 놓고 싶은데 동의해주시겠어요? 대신 제가 특별히 사은품 더 챙겨드릴게요."

이뿐 아니다. 고객의 이름이나 직함을 기억해서 불러주는 것도 좋은 방법이고, 단순히 "안녕하세요?"라고 인사말만 전달하는 것보다 그날의 날씨나 때에 맞는 특별한 인사말을 건네는 것도 피크를 만드는 방법이 된다.

미국 프로야구 메이저리그의 전설적인 포수 요기 베라_{Yogi Berra}가 뉴욕 메츠 감독으로 활동하던 때였다. 당시 그가 이끌던 뉴욕 메츠 팀은 내셔널리그 동부지구 최하위였다. 아직 시즌은 남아 있었지만 하는 폼이 가망이 없어 보였다. 기자들은 그를 조롱했다. '시즌이 끝난 것이냐?' 그러자 요기 베라가 답했다.

"끝날 때까지 끝난 것이 아니다. It ain't over till it's over."

그해 뉴욕 메츠는 1위로 정규 시즌을 마감했다.

당신에게도 꼴찌 팀 감독의 심정을 느낄 법한 순간이 찾아온다. 열과 성을 다해 상품을 소개했는데 고객이 '다음에 할게요', '생각 좀 해볼게요'라고 말하며 돌변하는 경우다. 그때 악마가 속삭인다. '뭐야, 시간 낭비나 시키고. 그럴 거면 처음부터 듣질 말든가.' 그러나 이런 감정을 잘라내고 요기 베라처럼 말하자.

"그럼요, 고객님께 중요한 물건인데 이런 것일수록 신중히 선택하시는 게 맞죠. 혹시라도 결정하시는 데 고민되시거나 필요하신 정보 있으시면 언제든지 저한테 연락주세요. 저희 상품 아니더라도 제가 잘 비교해드릴 수 있어요. 이건 제 명함이고요. 소중한 시간 함께해주셔서 너무 감사합니다. 조심해서 돌아가세요."

여기에 더해 구매한 고객에게나 해줄 법한 배웅을 곁들인다면? 엘리베이터를 잡아주는 배려까지 해준다면? 그러면 거절하고 뒤돌아서는 고객이라도 고마움을 넘어 미안함을 갖지 않겠는가? 그래서 자신이 안 되면 다른 누구라도 소개시켜주고 싶지 않겠는가?

고객응대 매뉴얼대로 하는 건 당연한 것이다. 그 정도는 어디나 하고 있고, 그래서 고객들도 별다른 감동 없이 받아들인다. 만족이 없다는 말이다. 만일 고객에게 오래 기억되고 싶다면, 다시 찾아주는 서비스가 되고 싶다면 피크와 엔드를 창조할 수 있어야 한다. 피크와 엔드는 그 어떤 매뉴얼에도 없는 그 사람 고유의 경쟁력이 된다.

고객이 결국 돌아오게 하는 것이다

"경마에서 아주 간발의 차이로 1등으로 들어온다면 그 말은 2등으로 들어온 말보다 열 배의 상금을 받는다. 상금이 열 배가 많다고 해서 간발의 차이로 우승한 말이 2등으로 들어온 말보다 열 배나 빠르다는 뜻일까? 물론 그렇지 않다. 그렇다면 두 배, 아니면 50% 그것도 아니면 단 10%라도 빠를까? 우승마는 2등 말보다 간발의 차이로 빨랐을 뿐이지만 그 작은 차이가 열 배의 상금으로 나타나는 것이다."

– 브라이언 트레이시Brian Tracy, 《전략적 세일즈》, 비즈토크북, 2012

오늘날의 고객은 간발의 차이로 우리의 서비스를 선택하거나 거부한다. 고객이 다시 찾는 서비스가 되려면 믿고 의지할 수 있는 컨설턴트Consultant, 고객에게 도움이 되는 컨설턴트가 되어야 한다. 그러려면 고객마다 처한 상황과 중요시하는 가치가 다르다는 점을 알고, 그에 맞는 맞춤형 제안이 필요하다. 고객의 물음에 정확하게 답하는 것으론 부족하다. 고객은 무엇을 물어봐야 할지 모른다. 앞으로 자신이 어떠한 어려움을 겪을지 직접 경험하기 전까지 알지 못한다.

이미 불편을 겪어버린 고객의 소리VOC, Voice of Customer를 확인하고 대처하는 건 늦다. 설령 문제가 해결된다고 할지라도 고객은 이미 떠날 준비를 마친 상태일지 모른다.

고객에게 재방문의 이유를 만들어 주는 직원은 안내를 잘하는 데서 그치지 않는다. 파생되는 문제나 예견되는 문제를 사전에 추가 안내해 주는 역할까지 담당한다. 그렇게 고객이 최선의 선택을 하고 편안하게 이용할 수 있도록 도와줌으로써 고객과 진정한 비즈니스 파트너business partner가 된다. '휴먼 터치'는 고객 및 주위 상황에 대해 지속해서 관심을 기울이고, 상호관계를 형성하고, 고객 개개인의 진짜 욕구를 찾고, 문제 해결을 제시하는 기술이며, 고객이 다시 돌아와야 하는 이유로서 충분하다.

무술의 고수는 누구보다 강한 내공과 출중한 실력을 갖춘 사람이다. 화려한 동작이나 불필요한 행동을 일절 하지 않고도 충분히 상대를 제압한다. '휴먼 터치'는 현란한 말솜씨와 파격적인 조건 제시, 호의로 고객을 락인Lock-in하는 것이 아니다. 오히려 사소한 말 한마디의 차이로 고객의 숨은 니즈^{Needs}를 찾아 마음을 사로잡는 것이다.

(A) 이번에 정말 좋은 한정 수량 신제품이 출시되었는데 가입 부탁 드립니다.

(B) 저에게 잠시만 할인정보 안내해 드릴 기회를 주시면 설명해 드리겠습니다.

이 두 가지 접근에는 문제가 있다. 도움을 줘야 하는 자신이 오히려 도움을 받아야 하는 주체가 된다. 고객은 '도움을 주어야 하는 사람'이 된 것이다.

(A) 이번에 가입하시면 회원들에게만 신제품을 먼저 주문할 수 있는 혜택이 주어집니다. 한정된 수량으로 판매되는 만큼 먼저 이용하실 수 있도록 도움 드려도 될까요?

(B) 고객님, 이번에 전화 잘 주신 게 저희가 고객 감사 혜택으로 이용하고 계신 상품과 결합하시면 30% 추가 할인이 가능합니다. 안내 도와드릴까요?

앞서 말했듯이 고객에게 작은 부탁을 해서 호감을 살 수 있기는 하다. 하지만 궁극적으로 고객은 혜택을 받아야 하는 사람이지 도움을 주어야 하는 사람이 아니다. 다시 찾고 싶고 도움을 받았다고 느끼도록 하는 직원의 차이는 분명하다.

내가 안내하고 싶은 말을 하는 것이 아니라 고객이 듣고 싶은 말을 찾아서 하자. '휴먼 터치'의 궁극적인 목적은 고객과의 신뢰를 구축하고 관심을 유발하며 고객의 요구 속 욕구를 찾아 혜택을 제안하는 일련의 과정을 통해 고객과 직원이 모두 성공에 이르는 것이다.

서비스 현장에서 고객응대에 막막함을 느끼거나 어려움에 부딪쳤을 때 꺼내 볼 수 있는 책이 되길 바라는 마음으로 이 책을 썼다. 아쉬운 점은, 비슷한 예시를 찾기 어려운 특이 사례에 대한 답까지는 제시하지 못했다는 점이다.

혹 '이미 내가 다 하고 있는 건데? 별거 없는데?'라고 느꼈다면 이 또한 기쁘다. 내가 하고 있는 응대가 최선임을 알고 전문의식professional을 갖추었다면 그 당당함과 자부심이 고객과의 신뢰감 형성에 도움이 되리라 생각한다. 여러분의 성장과 성공에 작은 도움이 되길 바란다.

중앙경제평론사 Joongang Economy Publishing Co.
중앙생활사 | 중앙에듀북스 Joongang Life Publishing Co./Joongang Edubooks Publishing Co.

중앙경제평론사는 오늘보다 나은 내일을 창조한다는 신념 아래 설립된 경제·경영서 전문 출판사로서
성공을 꿈꾸는 직장인, 경영인에게 전문지식과 자기계발의 지혜를 주는 책을 발간하고 있습니다.

평생고객 만드는 영업비밀 휴 먼 터치

초판 1쇄 발행 | 2022년 9월 28일
초판 3쇄 발행 | 2023년 7월 20일

지은이 | 박원영(WonYoung Park)
펴낸이 | 최점옥(JeomOg Choi)
펴낸곳 | 중앙경제평론사(Joongang Economy Publishing Co.)

대　　표 | 김용주
책임편집 | 용한솔
본문디자인 | 박근영

출력 | 영신사　종이 | 에이엔페이퍼　인쇄·제본 | 영신사

잘못된 책은 구입한 서점에서 교환해드립니다.
가격은 표지 뒷면에 있습니다.

ISBN 978-89-6054-302-7(03320)

등록 | 1991년 4월 10일 제2-1153호
주소 | ⓤ 04590 서울시 중구 다산로20길 5(신당4동 340-128) 중앙빌딩
전화 | (02)2253-4463(代)　팩스 | (02)2253-7988
홈페이지 | www.japub.co.kr　블로그 | http://blog.naver.com/japub
네이버 스마트스토어 | https://smartstore.naver.com/jaub　이메일 | japub@naver.com
♣ 중앙경제평론사는 중앙생활사·중앙에듀북스와 자매회사입니다.

도서
주문　www.**japub**.co.kr
　　　전화주문 : 02) 2253 - 4463

https://smartstore.naver.com/jaub
네이버 스마트스토어

중앙경제평론사/중앙생활사/중앙에듀북스에서는 여러분의 소중한 원고를 기다리고 있습니다. 원고 투고는 이메일을
이용해주세요. 최선을 다해 독자들에게 사랑받는 양서로 만들어드리겠습니다. **이메일** | japub@naver.com